OLAF SCHUBERT
STEFAN LUDWIG

OLAF SCHUBERT BEWERTET DIE SCHÖPFUNG

VON ABBA BIS ZYANKALI

FISCHER Taschenbuch

Aus Verantwortung für die Umwelt hat sich der S. Fischer Verlag zu einer nachhaltigen Buchproduktion verpflichtet. Der bewusste Umgang mit unseren Ressourcen, der Schutz unseres Klimas und der Natur gehören zu unseren obersten Unternehmenszielen.

Gemeinsam mit unseren Partnern und Lieferanten setzen wir uns für eine klimaneutrale Buchproduktion ein, die den Erwerb von Klimazertifikaten zur Kompensation des CO_2-Ausstoßes einschließt.

Weitere Informationen finden Sie unter: www.klimaneutralerverlag.de

FSC
www.fsc.org
MIX
Papier aus verantwortungsvollen Quellen
FSC® C014496

Erschienen bei FISCHER Taschenbuch
Frankfurt am Main, November 2022

Satz: Dörlemann Satz, Lemförde
Druck und Bindung: GGP Media GmbH, Pößneck
Printed in Germany
ISBN 978-3-596-70789-8

Ein Buch wie das Internet,
nur seriöser und ausführlicher.

JASON C. BREITNER
(freiberufl. Journalist und Dachdecker)

Anschnallen beim Lesen!

STEPHAN »FLY« LUDWIG
(Co-Autor)

Hallo!

Ich gratuliere Dir auf das Allerintensivste zum Erwerb dieses Buches, denn ich bin sicher, Du hast es Dir nicht nur wegen des zweifellos ansprechenden Umschlagfotos, sondern auch aus Wissbegier zugelegt.

Das finde ich toll. Und werde Dich nicht enttäuschen.

In diesem Buch geht es um nichts Geringeres als um die Schöpfung. Um den Beginn der Zeit, das Ende des Nichts. Um einen unvorstellbaren Prozess, in dem nichts blieb, wie es war – was umso mehr überrascht, da ja bis dato nichts existierte. Einmal losgeschöpft jedoch, gab es kein Halten mehr. Sämtliche Energien (Wärme, Licht oder Kälte) und Materien (von Mineralien, Erzen über das sagenumwobene Ur-Amalgam bis zum Roh-Asbest) wurden mit unglaublichster Dynamik durchgelötet, quergestaucht und schockverbimmst. Wie lange sich dieser Vorgang hinzog, ist umstritten. Paläontologen behaupten, es wäre Jahrmillionen so gegangen. Glaubt man der Bibel, waren es sieben Tage. Laut Schöpfungsmythos der prähistorischen Alana-Kultur dauerte die Erderschaffung achtundachtzig Wimpernschläge der südostasiatischen Gottheit Uffti.

Darüber wollen wir hier jedoch nicht weiter debattieren. Es ist unwichtig, ob wir dieses famose Schöpfungswerk dem göttlichen Funken eines himmlischen Demiurgen, den unabänderlichen Gesetzen von Zeit und Raum oder dem pfiffigen Wirken des Gevatters Zufall zu verdanken haben. Keiner von uns war dabei, und so werden wir wohl niemals erfahren, wer einst den fulminanten Urknopf drückte. Egal: Gott, Naturgesetz oder Zufall – sie alle sind Schöpfer. (Und somit natürlich auch Zerstörer – wenn auch nur ehrenamtlich)

Doch gleichwohl woran man glaubt, im Wesentlichen kann die Schöpfung seit geraumer Zeit als abgeschlossen betrachtet werden. Es ist also überfällig, das Erschöpfte einer finalen Bewertung zu unterziehen. Und zwar aus der Sicht dessen, der sich als Schöpfungsnutzer, quasi als Verbraucher, am besten auskennt. Des Menschen also, dem – evolutionär betrachtet – erfolgreichsten User der letzten Jahrtausende. Zwar wird momentan schon viel bewertet – im Prinzip alles von allen. Meist mangelt es den Verfassern aber am nötigen Hinter- und Vordergrundwissen, so dass deren Expertisen laienhaft daherkommen. Als international anerkannte Instanz war es mir eine Herzensangelegenheit, Ordnung ins Chaos zu bringen und »unser Sein« einer kompetenten und abschließenden Bewertung zu unterziehen.

Es hätte sicherlich nahe gelegen, die Schöpfung nur staunend zu bewundern, meine Aufgabe allerdings war es, sie kritisch zu hinterfragen; jedoch nicht etwa im Sinne eines nörgelnden »Warum braucht's eigentlich diesen ganzen Zirkus?«, sondern sachlich und zielführend. Aus Platzgründen habe ich mich auf die relevantesten Dinge konzentriert, die Schöpfung sozusagen verdichtet, zu einem Brühwürfel komprimiert und einen gehaltvollen Sud gemaischt, den ich Dir nun in appetitlichen, alphabetisch geordneten Häppchen serviere.

Übrigens: Wenn in diesem Buch von einem »Schöpfer« die Rede ist, geschieht dies lediglich aus der Tradition sprachlicher Überlieferung und soll keinesfalls die Existenz einer Schöpferin oder einer anderen, nichtbinären eventuell schöpfend tätig gewesenen Wesenheit in Abrede stellen oder eine solche gar ausschließen. Um als Schöpfkraft aktiv zu werden, bedarf es keineswegs einer expliziten geschlechtlichen Präferenz, doch es stellt sich natürlich die Frage nach den Auswirkungen. Ist das Feuer in seiner aggressiven Prägung etwas signifikant Männliches? Hätte eine konsequent weiblich motivierte Schöpfungskraft unserer Erde ein anderes Antlitz verliehen? Gäbe es mehr Edelsteine und Stiefmütterchen? Und dafür weniger Wölfe und Vulkane? Läge Norwegen in Afghanistan? Gäbe es die Zahl Vier zweimal und wäre das Mittelmeer nur knietief? Es scheint angemessen, diesen äußerst spannenden Aspekten ein komplett eigenes Werk zu widmen.

So, meine einführenden Ausführungen sind hiermit abgeschlossen, und ich freue mich, dass Du mir bis hierher gefolgt bist. Abschließend noch ein Tipp: Du kannst dieses Nachschlagewerk vorwärts, rückwärts oder auch quer lesen. Wo immer Du es aufschlägst, wirst Du fündig, und egal, ob Du das Buch nach Sekunden, Tagen oder wahrscheinlich erst nach Jahren wieder schließt – Du wirst in jedem Falle klüger sein.

Dafür bürge ich mit meinem Namen

OLAF SCHUBERT

A

Abba

Respekt!

Vier schwedische Musiker, die ihr verbimmeltes Heimatland aus der Steinzeit gesungen haben. Ohne ABBA wäre Schweden heute noch so etwas wie Finnland.

Musikalisch umstritten. Aber starke Texte.

★★★★☆☆

Achselhöhle

Fehlplanung!

Die ästhetische Achillesferse des → Menschen, vor allem nach Einsetzen der Pubertät (Behaarung). Im Gegensatz zum Schließmuskel (danke dafür!) völlig sinnlos. Schrundig-bleiches Geknöllsel, evolutionär absolut unausgereift!

★☆☆☆☆☆

Afrika

Kontinent, der eher zufällig bei Gleisbauarbeiten südlich von Mallorca entdeckt wurde. Wegen der dort lebenden Löwen, Nashörner und Elefanten vor allem bei Jägern von Interesse. Aber auch der gemeine Speiseaffe wird gerne geschossen und findet sich immer öfter als Sättigungsbeilage auf dem Teller. Die bekannteste kulinarische Spezialität bleibt jedoch der Kaffee Togo. Leider hat noch nie eine afrikanische Mannschaft eine Fußball-EM gewonnen, deshalb nur …

★★★★☆☆

Alkohol

Schöpferischer Geniestreich!

Nahezu unbegrenzt einsetzbar (Rasierwasser, Frostschutzmittel, Grillanzünder). Vor allem als deliriumverheißendes Getränk in Form von Weißbier, Rotwein oder Likör (vgl. → Hodengnom) weltweit beliebt. Nicht umsonst wird die Erde als »Blauer Planet« bezeichnet.

★★★★★★

Alpha Centauri

Beeindruckendes Sternbild, das vor allem in der Nacht zur Geltung kommt. Das Licht, welches von dort zu uns leuchtet, ist schon Millionen Jahre unterwegs. Wirkt daher ein wenig von gestern.

★★★★☆☆

Alter (das)

Besonders hintenraus gern mit Gebrechlichkeit verbunden. Insgesamt eher peinlich.

☆☆☆☆☆☆

Alter (der)

Slangausdruck, mit dem Heranwachsende (vgl. → Ronny) sich gegenseitig Respekt bezeugen. Insgesamt ebenfalls eher peinlich (s.o.)

☆☆☆☆☆☆

Anarchie

Im Gegensatz zur Monarchie, im Rahmen derer ein inzestuös gekrönter Obertrottel auf einem goldenen Kaspersessel über allen anderen thront, kann der anarchische Gedanke als ein recht progressiver Ansatz betrachtet werden.

Im Wesentlichen bezeichnet Anarchie einen Zustand ohne Herrschaft. Die Deutung dessen geht vom eher gemütlichen »Bei mir darf jeder machen, was ich will!« bis hin zum kämpferischen »Keine Macht für Niemand«.

Dieser Slogan kommt zwar recht forsch daher, ist aber leider im Endeffekt nicht zielführender als ähnlich lautende Forderungen wie »Keine Traktoren für Diabetiker!«.

(Trotzdem ★★★☆☆☆ für das redliche Bemühen)

Angeln

Diese Sache hat – im Gegensatz zur → Jagd einen Haken.

★★☆☆☆☆

Anglizismen …

… sind Bullshit.

★☆☆☆☆☆

Asmussen, Fips

Was Robert Oppenheimer für die Atombombe, war Fips Asmussen für den deutschen → Witz. Die meisten Witze hat er vermutlich nicht selbst erfunden, sondern einfach absorbiert.

Das Resultat: dreistündige Witzsperrfeuersalven aus vollem Fipsrohr in ein deckungsloses Publikum.

Warum ihn der Schöpfer trotzdem abberief,
bleibt vorerst ungeklärt.

★★★★★☆

Atome

PLUS:

- sehr klein (daher leicht zu verstauen)
- im Prinzip überall vorrätig

MINUS:

- unhandlich
- missbräuchliche Anwendung möglich (vor allem in Bomben)

★★★★☆☆

Augen

Zwar behaupten Philosophen, dass das, was wir mit den Augen sehen, nicht die Realität, sondern nur eine Vorstellung unseres Gehirns der angeblichen Wirklichkeit sei. Trotzdem! Augen sind echte Hingucker! Unentbehrlich vor allem zur Orientierung im Straßenverkehr und beim Essen (»Das Auge sieht mit«). Aber auch wichtig zum Zwinkern, Schielen und um Damen jeden Geschlechts ins Dekolleté zu schauen.

★★★★☆☆

Ausländer

Mehrere internationale hochrangige Organisationen sowie zahlreiche angesehene Universitäten haben in langjährig angelegten Studien und Untersuchungen unabhängig voneinander herausgefunden: Es gibt solche und solche!

Wer hätte das gedacht?

★★★☆☆☆

Austern

Am besten aus der Bélon!

Volle Zunge mit rasch intensivem Gaumen. Anfangs noch angenehm konvex, doch dann unstufiger Übergang in leicht kehlige Schwere. Kann man direkt im Restaurant verzehren – oder daheim entsorgen.

Welche, die es mögen, sollen es genießen, Zweifler nehmen bitte Abstand.

★★★★★☆

Autobahnabfahrt

Kurze, meist kurvige → Straße, bestens geeignet, um sicher von der Autobahn abzufahren. Jedoch Vorsicht, denn auf einer Autobahn*ab*fahrt auf die Autobahn *auf*zufahren ist hingegen stark risikobehaftet! Das sollte nicht sein. Bitte das Problem zeitnah lösen!

★★☆☆☆☆

Autos

Die Entwicklung des ersten funktionsfähigen Autos war nicht nur eine ingenieurstechnische Meisterleistung, sie läutete auch eine Zeitenwende ein – mit dieser Erfindung hat der Mensch seinem Schöpfer endlich mal so richtig gezeigt, was er mittlerweile draufhat.

Ein Akt der Befreiung also, denn bis dahin war der Homo sapiens auf äußerst beschwerliche Fortbewegungsmittel wie → Esel und Pferd (in Europa und Amerika), Kamel und Teppich (im Orient) oder Huckepack und Beamen (im Fernsehen) angewiesen. Sich fortan unabhängig von den Mobilitätsangeboten des Schöpfers fühlen zu können, schuf in der Menschheit ein extremes Selbstbewusstsein. Wozu noch eine Gottheit anbeten, wenn ich per Druck auf das Gaspedal selbstbestimmt von Gütersloh nach Hohenmölsen düsen kann? Kein Wunder also, dass das Automobil binnen kürzester Frist den gesamten Planeten eroberte – vor allem aber → Straßen und Parkplätze. Heute ist das Auto hierzulande unentbehrlich zum Zigarettenholen, Pendeln und im Staustehen. Und das Tollste: Laut Werbung kann das Auto immer wieder neu erfunden werden (im Gegensatz zum → Fahrrad).

Jedoch! Wie so häufig, neigt der Mensch auch in puncto PKW zur Übertreibung. Wenn jeder Auto fahren will und darf, dann wird es langweilig. Sollte man nicht ein kontingentiertes Fahrprivileg einführen? Was haltet ihr davon:

Man darf nur noch in bestimmten Jahren Auto fahren, zum Beispiel Schaltjahr (ergäbe Sinn). Oder …

… nur noch Männer dürfen Auto fahren (leicht zu kontrollieren). Oder …

… nur noch Deutsche dürfen Auto fahren (wäre praktisch).

Denkt mal drüber nach. Bis zur Lösung des Problems nur …

★★★☆☆☆

B

★★★★★★★★★★★★★★★

Ball

Ohne Ecken und Kanten

Der Vater allen Spielzeugs. Eine wirklich → runde Sache.

Geschöpft wie aus dem Lehrbuch!

★★★★★★

Ballett

Für die einen so etwas wie Eiskunstlauf in langsam (weil ohne Schlittschuhe), für die anderen die Vergegenwärtigung des Lebens durch körperlichen Ausdruck. Während sich *klassisches* Ballett mit seinem elegischen

Gehampel und gespreizten Gehoppel in das Korsett konventioneller Muster pressen lässt, ist das *moderne* Ballett weitaus interessanter. Dieses bietet nicht nur bizarr Kostümiertes, überspannt zuckend spastisches Gewürsche zu zeitgenössischer Fnittfnittmölp-Geräuschmusik, sondern auch Videosequenzen aus Sperrholz, Hackepeter und Lichtraspel.

Fazit: Einfach nur geil, so was kann nur der Mensch!

★★★★★★

Bargeld

Der Mercedes unter den Zahlungsmitteln

Nicht nur wichtig (vgl. → Geld), sondern deutlich flexibler als Festgeld, Begrüßungsgeld oder Restgeld. Diese kann man zwar ebenfalls ausgeben, doch Bargeld kann man auch vergraben, einnähen, anlegen, aufgeben, verlieren, verdienen, verprassen und sogar verbrennen.

★★★★★☆

Bautzner Senf (mittelscharf)

Ungenügend – sehr scharf wäre besser.

★★☆☆☆☆

Beauty-OPs

Gleichberechtigung aus der Änderungsfleischerei

Wenn es der Schöpfer nicht hinbekommt, dass alle gleich aussehen, nimmt es der → Mensch eben selbst in die Hand und leistet damit einen wichtigen Beitrag für die Emanzipation. Denn wenn man die Frauen an Mund, → Nase, Gesäß und Brust nicht mehr unterscheiden kann, wird der Charakter endlich wichtig.

★★★★★☆

Belgier

Eingeschränkte Funktionsfähigkeit

Meist übergewichtiger Mitteleuropäer, der zahlreiche monströse EU-Behörden in sein Land aufgenommen hat. Produziert unfassbar hochprozentige Bierplörre (→ Alkohol), die niemand trinken will. Konsumiert das Zeug also selbst und wird nach dem Verzehr entweder gewalttätig (Jean-Claude Van Damme), singt (Helmut Lotti) oder artikuliert sich in kehligen Stoßlauten.

Fazit: Bei der nächsten Schöpfung in Rumänien eingliedern (oder im Kongo).

★★☆☆☆☆

Benzinpreise ...

... sind uninteressant. Wer immer für fünfzig Euro tankt, mus sich darum nicht kümmern.

Bewertung also überflüssig.

Besteck

Unentbehrlicher Helfer

... beim Verzehr von Mahlzeiten oder zur spontan improvisierten Beseitigung unverhofft aufgegriffener Nebenbuhler.

Ein echtes Multitool!

★★★★★★

Bettwäsche

... ist im Prinzip belanglos. Einzig dienlich als Indikator zur Einschätzung eines potenziellen Partners bei erstmaliger Schlafzimmerbetretung zwecks eiligst durchzuführender sexueller Handlungen (vgl. → Sexualität).

Bei Sichtung von Bettwäsche mit Tankstellenmotiven oder Tannenzapfenmuster droht Gefahr!

Reißaus nehmen!

Unverzüglich!

Deshalb ...

★★★★★☆

Bitcoin

Kryptisch

Für den desinteressierten Laien der Gipfel an Hirnverbranntheit, für die digitalkompetente Fachmännin hingegen ein ganz normales Produkt technologisierter finanzwirtschaftlicher Entwicklung.

PLUS:

- Keiner versteht, wie das Ding funktioniert.
- Elon Musk findet ihn manchmal gut.

MINUS:

- Elon Musk findet ihn manchmal nicht so gut.
- Man versteht es trotzdem nicht.

★★★☆☆☆

Blumen ...

... sind meist ganz hübsch, gleichwohl insgesamt eher uninteressant. Es sei denn, man ist über sechzig oder prinzipiell weiblich.

PLUS:

- bunt
- geruchsintensiv

MINUS:

- geruchsintensiv
- geringe Haltbarkeit (von Dichtern euphemistisch als *vergänglich* umschrieben)

★★★☆☆☆

Bockwurst

Keine Bewertung

Obwohl sie als Königin aller → Würste gilt und mit Euphemismen wie Senfpeitsche, Hartz-4-Lende, Dampfpimmel oder Tankstellenfasan gepriesen wird, rechtfertigt dies nicht im mindesten eine eigene Bewertungskategorie.

Gehe bitte zur Wurst. (Gehe direkt dorthin, gehe nicht über LOS und ziehe keine 4000 Mark ein.)

Bodyshaming

Das Ansinnen, sich des eigenen Leibes nicht genieren zu müssen, ist grundsätzlich als richtig einzustufen. Aber kann dies nicht dazu führen, dass der Leidensdruck einfach nur auf den Betrachter des Bodys verlagert wird?

☆☆☆☆☆☆

Brennnesseln

Dreimal hintereinander der → Buchstabe N, am Ende sogar noch einmal. Insgesamt also vier! Frappierend, reicht aber trotzdem nur für zwei Sterne, da ansonsten völlige Fehlkonstruktion.

Gilt übrigens für alles, woraus man Tee kochen kann. Außer für Kaffee.

★★☆☆☆☆

Brezel

Sinnlos …

… und zwar aus mehreren Gründen: frisch gefertigt, nur ein schlecht geformtes Brötchen. In älterem Zustand noch sinnloser, dann auch noch trocken und staubig.

☆☆☆☆☆☆

Brillen

Absolute Helfer – vor allem beim Sehen und Gesehenwerden.

★★★★★☆ (zzgl. drei Bonus-Dioptrien)

Brot für die Welt …

… aber die Wurst bleibt hier?

Nur so als Anmerkung.

★★★☆☆☆

Brücken

Stülpen sich gerne über trübe Flüsse oder störende Täler. Angesichts der grassierenden Wohnungsnot ist es erschreckend, wie viele leere Plätze man trotzdem immer noch unter Brücken vorfinden muss.

★★★★☆☆

Buch (das)

Wichtiges Trägermedium …

… für → Schrift, das wesentlich mehr Platz bietet als Saftkartons oder Beipackzettel und sich deshalb v.a. bei langen Texten sogar gegen Hochhäuser und Zeppeline durchgesetzt hat.

★★★★★☆

Buchstaben

Absoluter Quatsch!

Warum Buchstaben? Wörter hätten völlig gereicht! Dann bräuchte es auch keine Rechtschreibung und den ganzen Firlefanz!

★☆☆☆☆☆

Bushaltepunkt Krätzow-Nord

(Zwischenziel der Nachtersatzverbindungslinie Neuenfeld / Effze – Hoehn)

Effizienz trifft Behaglichkeit

Standardisiertes, vermutlich zu Beginn der achtziger Jahre errichtetes Betonobjekt (Abmaße: 3 m Breite, 2 m Höhe, 1, 70 m Tiefe) mit überzeugender Funktionalität. Der klassisch gestaltete viereckige Eingang korrespondiert hervorragend mit mehreren in gekonnt nüchternem Stil gehaltenen seitlichen Aussparungen. Dadurch nicht nur effizient belüftet, sondern auch hervorragender Ausblick auf Umgebung (u.a. Schweinemastbetrieb Erkenwieck und Autohaus Gruetzner). Eine an der inneren Rückwand äußerst solide montierte Sitzwand sorgt für angemessene Behaglichkeit und lässt eventuelle Stunden des Wartens wie im Fluge vergehen. Liebevoll eingeritzte Botschaften wie *Ronny ist schwuhl* zeugen davon, dass auch Jugendliche oft und gern zu Gast sind. Der an einem sorgsam im Betonfundament verankerten Stahlrohr befindliche Fahrplan (leider nicht aktuell) sowie ein turnusmäßig geleert werdender Mülleimer runden das gelungene Ensemble ab.

PLUS:

- Sommer- und (!!!) Winterbetrieb, denn das Objekt bietet nicht nur Schutz vor Regen und Wind, sondern auch vor zu starker Sonneneinstrahlung.

MINUS:

- keine Vermietung für Feiern oder Hochzeiten möglich (daher 3 Sterne Abzug)

★★★☆☆☆

Butterdosen

Sind nichts für Margarine.

★★★☆☆☆

C

★★★★★★★★★★★★★★★

C. H. Petermeyer's Pfefferspray (Vorteilspack)

Pfiffige Produktidee, leider mangelhaft umgesetzt

Gutes Preis-Leistungs-Verhältnis, bei einigen Anbietern bekommt man den Doppelpack (zwei Dosen à 100 ml) inklusive praktischen Gürtelclip für unter zwanzig Euro. Reichweite des Sprühstrahls wird vollmundig mit fünf Metern angegeben, aber bei der täglichen Anwendung erweist sich bereits ein Abstand von zwei (!!!) Metern wegen ungenügender Zielgenauigkeit als kaum praktikabel.

Geschmacklich etwas gewöhnungsbedürftig, deshalb – vor allem bei Eintöpfen – vorsichtig dosieren! Pluspunkt: kein lästiges Nachfüllen wie bei der Pfeffermühle (ein Zusatzstern).

★★★☆☆☆

Casanova …

… war ein:

- Schwerenöter, Schürzenjäger und Schlawiner
- Schlüpferstürmer und Aufreißer
- Gigolo und Hallodri

Aber irgendwie auch ein:

- Dreckbein
- Lumich
- Brenoli

Vermutlich ein Herzensprojekt des Schöpfers. Mit einem Wort: Höchstwertung!

★★★★★★

Cäsar

Da hat er nun gerackt und rumgemacht, der alte Römer. Aber das Wesentliche, was dann von ihm blieb, hat mit all seinen Heldentaten nix zu tun.

»Auch du, Brutus« ist jetzt nicht soooo dicke.

★★★★★☆ *Troststerne*

Chemtrails

Bis jetzt konnte niemand beweisen, dass es sie nicht gibt. Was keinesfalls heißt, dass es sie gibt.

★☆☆☆☆☆ (falls es sie geben sollte)

Cis-Mann

Menschen nach Tonarten zu klassifizieren ist in jedem Fall einen Versuch wert.

★★☆☆☆☆

Coitus interruptus

Wichtig ist vor allem das Timing (viele Väter meinen, sie hätten den richtigen Moment verpasst). Der Co-Autor dieses Buches hat es mehrmals versucht. Leider kam es kurz vor dem Interruptus immer zum Abbruch. Deshalb leider keine objektiv-profunde Bewertung möglich.

Corona

Verzichtbar

Die richtige Zombieseuche mit grünem Brodem und schwarzem Schwefelauswurf war's dann doch nicht. Im Endeffekt billiger Ramschimport aus China.

★☆☆☆☆☆

D

★★★★★★★★★★★★★★★

Dacia

Rumänisches → Auto, fährt nur mit unraffiniertem russischen Öl. Schon von weitem erkennbar an der großen Abgaswolke. Bekanntestes Model: Dacia (Zappen) Duster.

Fazit: Weniger Auto ist für Geld kaum zu bekommen.

★★☆☆☆☆

Darm

Nicht nur ein äußerst faszinierendes Organ (vgl. → Wurst), sondern in seiner Funktion auch ein Pendant für das Wirken der Menschheit: Was auch immer sie investiert, zum Schluss kommt Scheiße raus.

Das muss man erst mal so konstant hinkriegen.

★★★★★★

Daumen ...

... unterscheiden den Menschen unter anderem vom → Pferd. Besonders wichtig, wenn man etwas anfassen will (zum Beispiel einen → Griff).

Daumen hoch, Schöpfer!

★★★★★★

DDR

Ein über vierzig Jahre gezogenes, ziemlich umfangreiches Experiment, in dem an fast alles gedacht wurde: an eine GST (Gesellschaft für Sport und Technik), eine NVA (Nationale Volksarmee), eine HO (Handelsorganisation), eine FDJ (Freie Deutsche Jugend), eine DSF (Deutsch-Sowjetische Freundschaft), eine SED (Sozialistische Einheitspartei Deutschlands), diverse EH's (Erich Honeckers), mehrere POS (Polytechnische Oberschulen) mit Fächern wie PA (Praktische Arbeit), ESP (Einführung in die sozialistische Produktion) usw. (und so weiter). Trotz dieser Liebe zum Detail ist das Projekt gescheitert, da der Arbeiterklasse andere Dinge wichtiger schienen, wie zum Beispiel Winterreifen, Bananen oder H-Milch. Sowie – nicht zu vergessen: Urlaub im westlichen Teil des Harzes und an irgendeiner beknackt zubetonierten Costa del sonst was (in Spanien).

Fazit: Netter Versuch. Sollte der Schöpfer seine wackeren Schäfchen so etwas Ähnliches nochmal probieren lassen, dann nicht einfach nur anders, sondern bitte besser und unkomplizierter.

★★★☆☆☆

Delfine

Bestien in Monchichi-Gestalt!

Angeblich intelligent – angeblich sozial. Und was machen sie mit ihrem Potenzial?

Fressen Fische.

Kleine, unschuldige Fische!

Sogar Fisch*kinder*!

Pfui!

(Memo an den Schöpfer: Aussterben lassen! Umgehend!)

☆☆☆☆☆☆

Demokratie

PLUS:

- besser als Sozialismus, Feudalismus, Katholizismus, Sklavenhaltergesellschaft, Matriarchat, → Faschismus und Stalinismus

MINUS:

- schlechter als Perfektionismus und Sexismus

★★★★☆☆

Der alte Mann und das Meer. Ernest Hemingway, Taschenbuch

Achtung! Bewertung enthält SPOILER!

Zu Recht preisgekrönt (Pulitzerpreis), da dies der erste Roman war, welcher komplett auf dem → Wasser spielt. Ein revolutionärer Plot, der auch über sechzig Jahre nach der Erstveröffentlichung einzigartig bleibt (andere Schriftsteller haben Ähnliches versucht, sind aber kläglich baden gegangen). Hemingways Idee, die Geschichte in ein Boot zu verlegen, ist bis heute ein unerreichter Kunstgriff, denn das → Wasser bleibt als Element allgegenwärtig, die handelnde Person allerdings auf dem Trockenen – ein nicht nur genialer, sondern wohl auch aus der Not geborener Schachzug, da der Autor bekanntlich Nichtschwimmer war.

Das Buch machte Hemingway zum Weltstar. Verständlich, dass er an den Erfolg anknüpfen wollte, doch mit der Fortsetzung (»Der noch ältere Mann und das noch größere Meer«) gelang ihm nur ein lauwarmer Aufguss, der mit dem Abschluss der Trilogie (»Der junge Mann und die Talsperre«) seinen Tiefpunkt erreichte. Auch das posthum veröffentlichte Spätwerk »Mirko unter der Dusche« muss bei allem Verständnis für das tragische Schicksal des Autors als misslungen bezeichnet werden. Hemingway war ebenfalls dieser Meinung, kein Wunder also, dass er verzweifelte und Selbstmord beging, indem er nach mehrfach gescheiterten Versuchen mit einer Wasserpistole zur Schrotflinte (vgl. → Schießgewehr) griff.

Fazit: Kein besonders dickes, spannendes oder gar hochklassiges Buch. Trotzdem empfehlenswert (liest sich flüssig weg).

★★★★☆☆

Deutsches Panzermuseum Munster

Super!

Endlich mal ein Museum für normale Leute (also ohne dieses nervige Kunst- und Kulturzeugs). Pommes ein wenig pappig, sanitäre Anlagen dagegen tipptopp.

★★★★★☆

Deutschland

Am ehesten zu vergleichen mit Peru. Die Gemeinsamkeiten sind verblüffend, denn in beiden Ländern leben → Menschen, hier wie dort gibt es Wetter, → runde Gegenstände und öffentliche Toiletten. Weitere erstaunliche Parallelen zu Peru:

- dort gibt es die Anden, in Deutschland die Alpen
- dort gibt es die Panflöte, in Deutschland die Blockflöte
- dort gibt es die Inkas, in Deutschland die Sorben

Fazit: Deutschland ist wie Peru, nur mit Bockwurst und ohne Tempolimit. Dadurch insgesamt eindeutig besser.

★★★☆☆☆

Dinosaurier

Was soll das?!

Da zimmert der Schöpfer diese Megakröten in die Pampa und lässt sie dann so mir nichts, dir nichts nach ein paar Millionen Jahren einfach aussterben! Warum? Wegen eines Meteoriten oder einfach wegen schlechter Laune? Nicht nachvollziehbar!

Wenn er das auch mit uns Menschen vorhat – dann gibt's Keile!

★☆☆☆☆☆

Döbeln

Poesie pur

Kein anderer Ort wurde von deutschen Dichtern und Humoristen häufiger erwähnt als diese mittelsächsische Kleinstadt. Als Urbanität angenehm gesichtslos, als Name eine vollendet wohlklingende Symphonie.

★★★★★★

Dr. Schaft's Marathon-Kondombox (20er-Set)

Spitzenprodukt mit Mängeln

Mit knapp fünfzig Euro alles andere als ein Schnäppchen, doch der Preis ist durch die Sondergröße (XXXXL) und die spermienabtötende Stahlummantelung gerechtfertigt. Lieferung in robuster, hochwertiger Metallbox, die nach Gebrauch vielseitig einsetzbar ist (Aufbewahrung von Hustenbonbons, Ectasy- oder Potenzpillen). Laut Herstellerangaben ist jedes Kondom dermatologisch getestet, vegan, antistatisch, glutenfrei und elektrosmog-neutral. Erhältlich in unterschiedlichsten Aromen, das Angebot ist breit gefächert und bietet neben eher exotischen Geschmacksrichtungen (Erdbeere oder Banane) auch die Klassiker wie Bauxit und → Porree.

Fazit: Der Ferrari unter den Kondomen. Trotzdem nur knappe zwei von sechs Sternen, denn absolute Sicherheit bietet nur: Er nimmt das Kondom, sie die Pille, und man schläft trotzdem getrennt.

★★☆☆☆☆

Drei-Sterne-Restaurant »Zur heiteren Holzfällerin«

Idyllisch und trotzdem verkehrsgünstig in der Nähe des → Bushaltepunkts Krätzow-Nord gelegen, bekommt dieses Restaurant nicht nur drei, sondern sogar fünf Sterne, denn es hat sehr gut geschmeckt. Vor allem die Bratkartoffeln.

★★★★★☆

Drogen

Auch da gibt's solche und solche
(vgl. → Männer)

★★★☆☆☆

Dunkelziffer

Als Kennzahl leider wenig erhellend und nicht verwertbar, da vermutlich meist viel höher.

★★☆☆☆☆

E

★★★★★★★★★★★★★★★

E-Auto

Auf der Suche nach einer Alternative zum Verbrennermotor hat sich der Elektroantrieb nach vielen fehlgeschlagenen Versuchen wie dem E-Teppich, der E-Sänfte oder dem E-sel* mit dem E-Auto nun endgültig durchgesetzt. Vor einigen Jahren noch wegen des immensen Akkuvolumens als plumper Batterietransporter verspottet, ist es mittlerweile zum echten Hightech-Aggregat mutiert.

* Kleiner Abschmunzler, um den trocken-theoretischen Stoff etwas aufzulockern ☺

PLUS:

- aufladbar
- kann auch ohne Räder eingesetzt werden (zum Beispiel als sehr, sehr große Taschenlampe)
- verbraucht kaum Benzin
- kommt schnell auf Touren (voller Akku)

MINUS:

- kommt schnell wieder zum Stehen (unvoller Akku)
- Dieseleinfüllstutzen nur gegen Aufpreis lieferbar

Verbrauchertipp: Die hochmodernen Batterien der jüngsten Generation werden durch komplizierte physikalische Vorgänge beim Betätigen der Bremse aufgeladen. Negative Geschwindigkeit wird also in Beschleunigung transformiert, oder mit anderen Worten: Je mehr ich bremse, desto weiter kann ich fahren.

Ein weiterer Tipp: Vorausschauend fahren und den Akku bereits *vor* Fahrtantritt aufladen, indem man in der Garage eine halbe Stunde auf die Bremse tritt. Eine einfache, aber effektive Aufgabe, die man auch einem → Kind übergeben kann.

Ehe

Immer wieder ist zu hören, mit passendem Partner oder Partnerin sei eine Ehe recht erträglich (zumindest für wenige Wochen). Prinzipiell sind sich Fachleute jedoch einig, dass die Unsitte der Monogamie ein deutliches

Mehr an negativen Effekten hervorruft, da es dem Naturell des Homo sapiens entgegensteht.

PLUS:

- Einfach laut und deutlich JA sagen, schon ist man dabei.
- steuerlich rentabel

MINUS:

- Das aus unerfindlichen Gründen zu Beginn einer Ehe auszurichtende Hochzeitsfest verschlingt für Planung und Durchführung immense mentale und finanzielle Kapazitäten (vgl. → Geld).

★★★☆☆☆

Eigenurin

Zu Unrecht aus der Mode gekommenes Hausmittel, das in Krisenzeiten oft als Ersatz für Antibiotika zur Desinfektion eingesetzt wurde. Besonders beliebt bei meiner → Oma Manfred, die Erkältungen zu Kinderzeiten nicht nur mit Leberwurst oder Wadenwickeln am Hals, sondern auch durch das Gurgeln von Eigenurin kurierte und die Behandlung mit einem aufmunternden »… und jetzt verpiss dich!« abschloss.

Tipp: Wem der eigene Urin zu eklig ist, sollte mit dem Urin anderer gurgeln.

★★★★☆☆

Eimer

Danke, Schöpfer …

… für das vollendetste und wichtigste aller Gefäße! Vorkommend in klassischem Holz, robustem Blech oder erhabenem PVC ist es unentbehrlich für daheim und unterwegs (vor allem mit Henkel).

PLUS:

- Offen für alles, was Inhalt sein will oder kann.

MINUS:

- Welches Minus?

★★★★★★

Einstein, Albert

Genie mit Abstrichen

Keine Frage, dieser Mann hatte Potenzial, welches er jedoch nicht annähernd auszuschöpfen in der Lage war. Es gelang Einstein zwar, in der Physik punktuelle Akzente zu setzen – Stichwort Relativitätstheorie, welche insgesamt leider relativ theoretisch ist –, Bereiche wie Malerei, Ausdauerlauf oder → Unkraut zupfen blieben dagegen von seinem Schaffen gänzlich unberührt. Hier setzt die Kritik des Rezensenten an, denn warum gibt es von Einstein keine Oper? Warum keinen Weltrekord im Gewichtheben? Kein Kochbuch? Nicht einmal ein → Salatrezept? Zeit hatte er doch mehr als genug! Stattdessen hat Einstein rumge-*albert* und seine rausgestreckte Zunge fotografieren lassen.

Was also hat er der Nachwelt hinterlassen? Eine Theorie und drei Kinder. Das ist zu wenig. Trotzdem gibt es nicht nur die angemessenen vier Sterne, sondern fünf – wegen des Gesamtverhaltens. Denn auch das Erscheinungsbild ist wichtig. Der forsche Schnauzbart nebst der gewagten Frisur gehören gelobpreist.

★★★★★☆

Eis

Vor allem als Speiseeis sehr lecker. Warum aber gibt es nur kaltes Eis? Warum kein warmes? Kinder würden wesentlich mehr Eintopf essen, wenn sie ihn lutschen könnten!

★★☆☆☆☆

Eisenhower, Dwight D.

Als 34. Präsident der Vereinigten Staaten einer der Vorgänger von → Donald Trump. Wer es bis an die Spitze des (damals) mächtigsten Landes der Welt schafft und noch dazu beiträgt, den Zweiten Weltkrieg siegreich zu beenden, hätte eigentlich die Höchstwertung und somit sechs Sterne verdient. *Eigentlich*, wohlgemerkt, denn während seiner Militärzeit brachte es Eisenhower lediglich zum Fünf-Sterne-General.

Tja.

Etwas mehr Engagement wäre wohl angemessen gewesen.

★★★★★☆

Ekzeme

Das war wohl nix, Schöpfer!

Leider nur im Gesicht gut zu sehen. Für Menschen, die Jucken, Eiter und schuppige Flechten eher als unangenehm empfinden, oft belästigend.

Insgesamt unsexy.

★★☆☆☆☆

Elektrizität

PLUS:

- leicht herzustellen (z.B. im Kraftwerk)
- ab Steckdose komplett geruchsneutral
- kann geile Endgeräte betreiben (Ventilatoren, Lockenwickler, → Hüpfburgen)

MINUS:

- bei unsachgemäßer Anwendung erhebliche Geruchsbelästigung möglich (Schmorbrände)
- kann Elektriker in den Wahnsinn treiben (Kurzschlüsse)

Fazit: Man sieht, die Dipolarität aus Plus und Minus verleiht der Elekrizität Spannung.

★★★★★☆

Energiesparen

Löblicher Ansatz

Wird schon lange versucht, klappt allerdings nur teilweise, weil die irgendwo eingesparte Energie dann halt an anderer Stelle verbraucht wird. Das ist schade, aber nicht zu ändern. Offensichtlich hat der Schöpfer einige seiner physikalischen Gesetze wie den Satz von der Erhaltung der Energie nicht zu Ende gedacht.

Die wichtigsten Basics zum Energiesparen:

- Licht ausmachen
- im Dunkeln schlafen
- im Straßenverkehr vorwiegend bergab fahren
- im Winter die Fenster schließen (falls vorhanden)
- nur mit Wärme (nicht mit Hitze!) heizen
- mit kaltem → Wasser kochen

Fazit: Sollte man vielleicht noch einmal ganz anders angehen. Am besten von vorn, indem man alle Energie auf einmal verbraucht und guckt, was dann so passiert. Eventuell muss der Schöpfer noch mal ran.

★★★★☆☆

England

Pfiffiges Inselvolk

Sind als Nation schon lange dabei, haben fast alles erfunden (sämtliche Sportarten, Linksverkehr, Britpop, Brexit). Sehr gut geeignet, wenn man mal so richtig gut schlecht essen gehen will.

Abzüge wegen des desaströsen Wetters. Aus diesem Grund sind überall, wo die → Sonne scheinen könnte, Engländer anzutreffen (Mallorca, Suezkanal, Solarien). Im Gegensatz zu anderen Ländern sind noch immer starke Klassenunterschiede spürbar, so dass man neben dem Hooligan-affinen Basisproll auch snobistischen Lords und Tee trinkenden Earls begegnet.

★★★★☆☆

Kein Michelinstern! Ausdrücklich!

Entfernungen

Was soll das?

Einzig gut, um Abstand zu gewinnen, ansonsten völlig überflüssig. Besonders ärgerlich für den Entfernungsüberwindungsmüssenden wird es, wenn Distanz und Attraktivität der zu erreichenden Destinationen im kongenialen Widerspruch stehen (vgl. → Gütersloh). Einige intellektuell lau aufgebackene Schlaubrote meinen, Entfernung wäre im Raum das, was die → Zeit im Vergänglichen ist, und vergessen partout, dass das Gelände unangenehm holpert, während die Zeit unbeschwert fließt.

★☆☆☆☆☆

Erotik

Vgl. → Gleitcreme »Loipe«

Ersatzrad

Wird meist nur benötigt, wenn man gerade keins hat, dann allerdings ist es unersetzbar. Einstige Versuche, das Ersatzrad durch Keksdosen oder Bierkästen zu ersetzen, scheiterten. Leider.

★★☆☆☆☆
Wenn man eins hat

★★★★★☆
Wenn man eins braucht

Esel

Zebra ohne Streifen

Enttäuschend!!

★☆☆☆☆☆

Esoterik

Die Vorstellung, dem Schöpfer wäre nichts weiter eingefallen als Nahrungsaufnahme, Fortpflanzung (vgl. → Geschlechtsverkehr) und Abwassergebührenverordnungen ist ja doch ein wenig ärmlich. Ein gerüttet Maß an Metablingbling, Psychotwist und Synapsenfasching sollte auf einer Erde wie dieser schon dazugehören.

★★★★☆☆

Extrawurst

Vgl. → Leberwurst

F

★★★★★★★★★★★★★★★

Fahrradfahren

… ist wie Reiten – nur vegan.

★★★★★☆

Familie

Zitat → Oma Manfred: »Mit einer Familie ist man in der Lage, Probleme zu lösen, die man ohne Familie gar nicht hätte.«

Super!

★★★★★★

Faschismus

Trotz spektakulärer Beschissenheit zu austauschbar. Stalinismus, Maoismus etc. wollen irgendwie das Gleiche. Da muss der Markenkern geschärft werden!

★☆☆☆☆☆

Feinstaub

Gefährlich!

Setzt sich im Gehirn ab! Bei Bedarf lieber auf den guten alten Grobstaub zurückgreifen.

★☆☆☆☆☆

Fernsehen

Läuft nur → Müll.

Außer auf RTL2.

★★★☆☆☆

Feuer

Die wohl heißeste Idee des Schöpfers!

Eines der sogenannten fünf Elemente, bei denen er sich besondere Mühe gab. Offensichtlich Chefsache. Was man auch merkt, denn an alles wurde gedacht: nicht nur an ausreichend Brennmaterial, sondern auch an geeignete Löschmittel wie → Wasser (ebenfalls eines der Elemente).

PLUS:

- geeignet zum Abfackeln von Laub oder ganzer Landstriche
- ermöglicht unkomplizierte Zubereitung warmer Mahlzeiten

MINUS:

- schwer dosierbar (Waldbrand)
- brennt in den Augen (Rauchentwicklung)

★★★★★☆

Feuerwerk

PLUS:

- stinkt, lärmt und blitzt gleichzeitig (die Belästigung erfolgt also komprimiert und ist relativ rasch vorbei)
- findet meist nur im Sommer und draußen statt
- wirft als bleibenden Nebeneffekt wenigstens etwas → Feinstaub ab

MINUS:

- keins

★★★★★★

Flechten und Moose

Gerne mehr davon!

Wohltuend anspruchsloses Gekröse, das in der Erdfrühzeit das → Leben ordentlich vorangebracht hat.

Macht mit wenig Aufwand manch tristes Kargland üppig grün.

★★★★★☆

Flugzeugträger

MINUS:

- hohe Anschaffungskosten
- geringer Wiederverkaufswert
- im Vergleich zum Gepäckträger äußerst sperrig und schwer einzulagern

PLUS:

- hohe Verdrängung

★★☆☆☆☆

Fossile Brennstoffe

Im Gegensatz zu den *seltenen Erden* vom Schöpfer in riesigen Mengen bereitgestellt. Damals sicherlich gut gemeint, entpuppt sich heutzutage jedoch als problematisch (vgl. → Sauerstoff). Dass die Kohlekraftwerke abgestellt werden, ist nachvollziehbar, sollte allerdings noch einmal neu durchdacht werden. Anstatt mit Braunkohle könnten diese mit regenerativen Alternativen wie Weiß- oder Rotkohle betrieben werden, auch Blumenkohle (für die weibliche Belegschaft) wäre denkbar. Im fernen Osten ist man da schon weiter (Chinakohle).

Andererseits lässt sich zum Beispiel aus Erdöl prima Zeug herstellen (Plaste und so). Echt praktisch also. Weniger könnte in diesem Falle nicht mehr, sondern besser sein!

★★★☆☆☆

Fragen

Warum???

Besonders perfide, vor allem von → Kindern eingesetzte Waffe, um erwachsene Bevölkerungsteilnehmer zu terrorisieren, auch im partnerschaftlichen Bereich gern benutzt. Die Empfehlungen zu angemessenen Reaktionen gehen auseinander; manche Fragen wie *»Ich hab dich lieb, Onkel Bernd – du mich auch?«* können mit klaren Ansagen *(»Geh rutschen, Jonas«)* beantwortet werden, andere *(»Wie findest du meine neue erotische Untertrikotage, Schatz?)* mit Ehrlichkeit *(»Beschissen, aber dir steht's«)*, während in gewissen Fällen *(»Mutti? Wo ist eigentlich der Waschlappen?«)* durchaus eine Prise → Humor *(»Der ist mal kurz Zigaretten kaufen«)* angebracht ist.

★☆☆☆☆☆

Frauenfußball ...

... sorgt abseits des Rasens gelegentlich für mehr Aufregung als darauf (Thema Gleichbehandlung). Politiker fordern, Fußballerinnen sollten das Gleiche verdienen wie Fußballer. Doch das ist wie immer viel zu kurz gedacht, denn gerechter wäre es doch, wenn ALLE so viel verdienen wie Fußballer.

★★★☆☆☆

Fusselrolle

Quadratisch, praktisch, gut …

… sind zwar die falschen Attribute für diesen fleißigen Alleskönner, wer aber offenen Herzens verstehen will, weiß, was gemeint ist – schließlich ist das kleine Multitalent unentbehrlich bei …

- Jugendweihen
- Reifenwechseln
- Staatsbanketten
- Dreharbeiten
- Mäharbeiten

oder nach Herztransplantationen.

★★★★★★

G

G-Punkt

Seit Jahrzehnten ist der Mann vergeblich auf der Suche. Immerhin fand er wie nebenbei den Null-Punkt und sogar wenig später den Tiefpunkt bei der Frau. Bevor es so weiter geht, sozusagen bis zum Point of no Return, sollte der Schöpfer des Menschen Scheitern einsehen und gänzlich neue sexuelle Reizpunkte setzen.

Wie wäre es stattdessen mit dem Gefrierpunkt? Oder dem Ruhepunkt?

Probieren statt diskutieren!

★★☆☆☆☆

Gebasteltes von → Kindern

Bewertung abhängig …

… vom individuellen Einzelfall, da die Einschätzung des Ergebnisses proportional mit der Zunahme des Verwandtschaftsgrades steigt.

Manchmal gut zum Anfeuern geeignet.

Geheimdienste

Absolut unentbehrlich. Vor allem für den männlichen Erwachsenen, welcher in seiner beruflichen Funktion als Agent, Spion oder sogar Doppelagent in der Räuber- und Gendarmphase einer präpubertären Entwicklungsstufe verharren kann.

(Funfact: Experten vermuten, es gäbe mehrere Geheimdienste, die so geheim sind, dass nicht einmal deren oberste Führungsebene von der Existenz ahnt.)

★★★★★☆

Gelbschnabelsturmtaucher

Höchstwertung!!!

Optisch kommt dieser dem Albatros verwandte Meeresvogel mit dürftiger Biederkeit daher, doch verzeiht man ihm diesen Lapsus gern, da seine Stärken eindeutig im akustischen Bereich zu finden sind. Allein der Wohlklang des Namens [gɛlpʃnaːbəlstʊɐ̯mtaʊ̯xɐ] kann mühelos mit Spitzentiteln wie Halsbeinwurstrüssler, Holomolch und Laffelschwanzgimpel konkurrieren, selbst einem Vergleich mit der querstreifigen Schrumpftuntenbarbe oder der Basedow'schen Quarkmilbe hält unser gefiederter Freund mühelos stand.

Das volle Klangpotenzial entfaltet er allerdings in puncto Kommunikation, wobei die Lautgebung dem gewöhnlich vom Federvieh erbrachten Zwitschern, Gackern, Krächzen, Krähen oder Pfeifen gänzlich unverwandt ist. Auch exotisches Gezirpe oder heimisches Gekuckucke decken komplett andere Klangspektren ab.

Der Gelbschnabelsturmtaucher überrascht mit frappanter Uniqueness. Die Basis seiner Artikulation besteht aus einem artifiziell anmutenden *gnjurchniggewuorzchnuiggwouhohhihohhijurzchnjeegnjurzchnigge* – wobei, wie man sicher schon beim ersten Lesen bemerkt hat, das Segment *gnjurchnigge* die präsenteste Phonetisierungssentenz darstellt. Die mannigfaltigen Gutturallaute werden in hoher Geschwindigkeit abgerufen, wodurch jedoch die charakteristischen, permanent variierenden schnalzig-reziprokjodelnden Prononcierungen erzeugt werden (wechselnde Schnabel-, Kehlkopf- oder Zungenstellungen) ist unter Experten umstritten.

Am ehesten vergleichbar erscheint der faszinierende Ruf des Gelbschnabelsturmtauchers mit einer mechanischen Teddybärstimme, jenem alternierend erklingenden *uäääääähhhh* und *uöööööohhh*, hervorgebracht durch unsachgemäß-hektisches Vertikalgeschüttel des Plüschtiers, das dem luftbasiert arbeitenden Lautgeber einen Mix aus glucksendem Staccato *(üh! üh! äh! äh!)* und kehligem Gestöhne *(uääbhüübh)* entlockt. Dieser Vergleich ist allerdings mit Vorsicht zu genießen, denn die Lautgebungklaviatur des Gelbschnabelsturmtauchers ist um ein Vielfaches höher als der eben beschriebene, zwar erheiternde, aber letztendlich plumpe Effekt.

Darüber, was der Gelbschnabelsturmtaucher seinen Artgenossen (und womöglich auch uns) durch diesen prägnanten Ruf mitzuteilen gedenkt, ist sich die Forschung bis heute uneins. Die akustisch hochkomplexe Vielfalt der Lautäußerung lässt jedoch vermuten, dass der Gelbschnabelsturmtaucher unter dem Zwang leidet, in kürzester Zeit alles auf einmal zum Ausdruck bringen zu müssen.

Fazit: Muss man gehört haben!

★★★★★★

Geld

Bereichernd, denn …

… ohne Geld wäre die Welt um einiges ärmer.

★★★★☆☆

Gendern (das)

Dass heute viele gendern
tut unsere Sprache ändern.
Doch ob sich Dinge bessern
oder nur verwässern …

… wird sich erst irgendwann später durch wissenschaftlich-analytische Forschungen evaluieren lassen. Hoffen wir das Beste!

★★☆☆☆☆

Geschlechtsverkehr

Unabdingbare Verrichtung, um das Fortbestehen der Menschheit zu sichern, die aber durchaus – bei Vorhandensein ansprechender Rahmenbedingungen – Freude bereiten kann (vgl. ➔ Sextoys). Angesichts zunehmender Vergreisung immer wichtiger. (»Übst du dich heute in Askese, pflegt dich im Alter ein Chinese«). Jeder sollte seinen gesellschaftlichen Beitrag leisten!

Man kann ja dabei an etwas Schönes denken (z.B. Hochseefischen).

Tipp: Ästheten, denen spezielle Körperpartien des zu Begattenden missfallen, können diese spielerisch leicht für die Zeit der Verrichtung mit einem Handtuch abdecken (z.B. Füße, Beine, Gesicht, Oberkörper oder Schambereich).

★★★☆☆☆

Getretide

Wird gegessen (Vollkornbrot) und getrunken (Doppelkorn). Menschen, die das eine oder andere gut finden, interessieren sich meist auch für Hafer.

★★★★☆☆

Ghandi, Mahatma

Top Typ

Indischer Ideologe, der seiner → Zeit weit voraus war. Auch modisch ein Trendsetter (Glatze, Nickelbrille, Bettlaken). Führte Indien in die Unabhängigkeit. Top Typ also.

PLUS:

- Eindrücklicher Beweis: Veränderung ist möglich, auch ohne dass es Aua macht.

MINUS:

- geringere Umsätze der Waffenindustrie durch pazifistisches Gehabe
- Unabhängigkeitskampf zog sich doch etwas in die Länge.

Fazit: Indien wurde unabhängig – super! Aber seitdem nie wieder. Schade! Warum nicht öfter? Deshalb 2 Sterne Abzug.

★★★★☆☆

Gina Wehrlauf (deutsche Feministin – Name geändert)

Zum Bewerten noch zu jung, aber einen Genderstern gibt's schon mal gratis.

★☆☆☆☆☆

Glatze

Wo des Geistes Kräfte walten,
könn' sich keine Haare halten
(Volksmund)

★★★★★★

Gleitcreme Loipe

Vgl. → Obelix

Glück …

… ist ein menschliches Enzym, das in der vorderen Hirnrinde produziert wird.

Je größer die Glücksproduktion, desto mehr Geschlechtspartner kann man generieren und gleichfalls steigen die Chancen beim Lottospiel. Bei frisch Verstorbenen, so behaupten Studien, konnten bis zu 855 Gramm reines Glück im Körper nachgewiesen werden. Eine immense Menge, die aber trotzdem nicht vor dem Ableben bewahren konnte, was die Vermutung nahelegt, dass das Glück als Ausschlag gebender Faktor überbewertet wird.

Stellt der Körper krankheitsbedingt die Glücksproduktion ein, kann es vermehrt zu Pech kommen. Dieses wird in Strähnen gemessen.

Glück ist zwar ganz nett – es geht aber auch ohne

★★★☆☆☆

Gold

Überteuertes Streitobjekt

Bodenschatz höherer Güteklasse, der durch Fachkräfte zu allerlei Schmuckwerk aufgehübscht werden kann und auch als Zahlungsmittel bzw. Wertanlage hoch im Kurs steht. Deshalb sorgt das gelb schimmernde Edelmetall auch für deutlich mehr Ungemach denn Erbauung, ganze Völkerstämme wurden massakriert. Auch bei Sportveranstaltungen häufig Grund für Unruhe, da viele Athleten auf die sogenannte Goldmedaille fixiert sind und mit hektischem, siegorientiertem Gehüpfe, Gerenne und Gekämpfe dem Wettstreit die ursprünglich innewohnende gemütliche Behaglichkeit genommen haben.

Fazit: Gold ist gut – Bronze reicht auch.

★★★☆☆☆

Gott

»Einfach zum Niederknien.«

»Voll der King!«

»Absolut göttlich!«

»Es kann nur einen geben!«

Diesen Lobeshymnen begeisterter Anhänger ist nichts hinzuzufügen.

★★★★★★

Gras

Durchwachsen

PLUS:

- rostfrei
- bisher noch nicht auf dem Mars entdeckt

MINUS:

- Wächst nicht schneller, wenn man daran zieht.
- Grasflecken
- teils heftige halluzinogene Nebenwirkungen beim Rauchen. Obacht!

★★★☆☆☆

Griffe

Unentbehrliche Helfer

Nicht nur beim Anfassen, auch beim Öffnen oder Schließen (Fenster, Scheunentor) universell einsetzbar und damit der gemeinen Klinke, welche nur in Abhängigkeit zur Tür existiert, weit überlegen.

PLUS:

- vorhanden in fast allen Materialien (ausgenommen Grünkohl)
- kann so gut wie überall nachmontiert werden (z.B. Panzer, Wellensittich oder → Ball)

MINUS:

- ist gelegentlich schlecht temperiert und führt zu Verbrennungen der Hände (Kochtopf). Liegt aber meist am Nutzer (Blödheit)

Fazit: Geht doch! Mit dem Griff hat der Schöpfer bewiesen, dass er Dinge konsequent zu Ende schöpfen kann. Klasse!

★★★★★★

Gütersloh

Jederzeit keine Reise wert.

★★★★★★

H

★★★★★★★★★★★★★★★

Hammerwerfen …

… ist eine noch relative junge Sportart, die in den siebziger Jahren des vergangenen Jahrhunderts von einer sächsischen Hausfrau namens Ilke Wydulla entwickelt wurde.

Als Jugendliche stand die spätere Olympiasiegerin unter enormem Leistungsdruck – ihr Vater war Handwerker, die Mutter Leistungssportlerin. Da Wydulla in die Fußstapfen beider Elternteile treten wollte, entschied sie sich konsequenter Weise nach diversen Versuchen mit Kneifzangen, Wagenhebern und → Eimern für das Hammerwerfen – einer Sportart, die sich nach langem Nischendasein gegen konkurrierende Disziplinen wie Ambosstragen, Nägelkauen oder Pilzesuchen durchsetzen sollte.

Fazit: Einfach der Hammer!

★★★★★★

Hausschuhe

Dieses Büchlein …

… scheint zu schmal gebunden, um ein Faszinosum wie das der Erschaffung des Hausschuhs angemessen zu würdigen. Obwohl meist am Fuß und somit unten, also nahe am Boden getragen, muss der Hausschuh doch als Gipfel der Gemütlichkeit gepriesen werden. Was, so wird sich wohl jeder fragen, was muss sich alles fügen, damit ein solches Wunderwerk entstehen kann? Zufall? Vorsatz? Verheißung? Mag der Schöpfer anfangs in jugendlichem Ungestüm hier und da etwas unüberlegt geschöpft haben, zeigt er am Hausschuh – einem seiner späteren Werke – die wahre Könnerschaft des erfahrenen Meisters.

Am Anfang schuf er den Fuß. Bar und bloß stand dieser in Zeit und Raum oder latschte sinnlos durch die Pampa. Nässe, dorniges Strauchwerk, harsches Geröll und Kälte spielten ihm übel mit. Schrundig rödelte Hornhaut um die Ballen, verfistelt war die Ferse, das Nagelbett roch muffig. Hilfe tat not!

Was dann geschah, lesen wir in einem Papyrus, das

Anfang des zwanzigsten Jahrhunderts in einer Höhle südwestlich von Qumran entdeckt wurde. Es handelt sich um ein Fragment, das bisher nur teilweise übersetzt wurde:

… und allüberall herrschte Jammer und Zeter, aber das Wehklagen wurde erhört. Und so geschah es, dass den Menschen ein liebliches Schicksal bescheret wurde, denn ein Jüngling wurde gesandt auf Erden. Ob er nun schaumgeboren dem Meer entstieg, sanft vom Himmel herniedersank oder aus dunkler Erdentiefe fuhr empor? Kein Niemand weiß es je! Jählings erblickten die Menschen den holden Knaben, sanken verzückt auf die Knie und riefen: »Wer bist du, oh Fremdling?«

Und jener stand vor ihnen, zwar ohne Arg, allerdings auch ohne Geist, was der Zweck seines Tuns hier auf Erden sei, und sprach: »Arm bin ich ob meines Wissens und meiner Herkunft. Nur des einen bin ich klar: einen Schuster hat man mich stets geheißen.«

Das Staunen derer, die sich um ihn schareten, war groß. »So höret!«, raunten sie andächtig. »Ein Schuster! Was mag das sein?«

Niemand wusste Rat, bis eine schlanke Maid das Wort erhob: »Wenn der Förster den Forst im Stande hält«, fragte sie schlau, »was ist dann wohl das Werk eines Schusters?«

»Sag's uns!«, riefen die anderen.

»Der Schuh!«, erwiderte das kluge Kind.

»Ein Schuh?«, warfen die Zweifler ein. »Was mag das wohl sein?«

»Egal!«, gaben die Unverzagten zurück. »Lasset uns einen erschaffen!«

Einer holte Leisten, ein anderer Leder. Ein Dritter brachte die Senkel, und alsbald zog ein Vierter den fertigen Schuh über den Spann und schritt zufrieden aus. Flugs war ein zweiter Schuh entstanden, und von diesem Tag an ging dieser seinen Weg in alle Welt. Viele Monde danach

– hier endet das Fragment, doch wir wissen, wie die Geschichte ausgeht. Denn als später auch noch das Haus erschaffen wurde, kam es, wie es kommen musste: Der Hausschuh ward geboren.

Fazit: Ein absolutes Top-Produkt, das einen Platz unter den sieben Weltwundern mehr als verdient hätte. Volle Punktzahl!

★★★★★★

Heidelbeerjoghurt

Die ursprüngliche Rezeptur stammt von französischen Trappistenmönchen (vgl. → Milch), die Ende des neunzehnten Jahrhunderts aus dem Périgord in den Schwarzwald kamen. Die ersten Produkte bestanden noch aus einer Hand Joghurt und einem Fuder Heidelbeeren, welche grobschlächtig oral verklappt wurden, sodass sich beide heterogenen Geschmacksebenen erst im Hals – und Rachenraum des Nahrungsmittelaufnehmenden vereinigten.

Unser heutiger Heidelbeerjoghurt besteht zu einigen Prozent aus Milch sowie etlichen Konservierungsstoffen, Geschmacksverstärkern und einer Heidelbeere. Das war nicht immer so, denn in Zeiten des Krieges und der Knäppe wurde die Milch durch Tee und die Heidelbeere durch nichts ersetzt.

Mit der Gründung zweier deutscher Staaten ging auch die Entwicklung des Heidelbeerjoghurts getrennte Wege. Während im Ostteil (vgl. → DDR) die politische Führung auf einen vermehrten Einsatz linksdrehender Milchsäuren drängte, hatten westdeutsche Heidelbeerjoghurtingenieure größere Freiheiten und sahen die Zukunft auf rechtsdrehender Milchsäurebasis. Nach der Wiedervereinigung kehrte sich diese Entwicklung um, denn heutzutage sieht man im Osten (vor allem in der Sächsischen Schweiz) durch ungehemmten Konsum rechtsdrehender Milchsäure aufgeputschte → Jugendliche. Versuche, den leichtfertigen Einsatz rechtsdrehender Milchsäure durch Beigabe linksdrehender Milchsäure zu neutralisieren, schlugen bisher fehl.

Stillstehende Milchsäure wurde bisher noch nicht entwickelt. Leider.

Fazit: Schmeckt nicht nur beschissen, gefährdet auch die → Demokratie.

★☆☆☆☆☆

Heino

PLUS:

- Ist mittlerweile beachtliche dreiundachtzig Jahre alt.

MINUS:

- Wie konnte es so weit kommen?

★★☆☆☆☆

Hexen …

… sind nur im Märchen böse. Ansonsten häufig mit multiplen Begabungen gesegnet und nur aus Kleingeist schlecht beleumundet.

★★★★★★

Himmel

Angeblich …

… der Wohnsitz des Schöpfers, weswegen man annehmen sollte, dass er sich hier besondere Mühe gegeben hat. Dies trifft mit Einschränkungen (s.u.) durchaus zu, vor allem aus optischen Gründen:

Man stelle sich vor, über einem wäre kein Himmel, stattdessen zum Beispiel ein Hochofen, eine Verkehrsinsel oder eine → Achselhöhle. In all diesen Fällen wäre der Blick über den Horizont wohl recht unromantisch, auch der sprichwörtliche »Himmel voller Geigen« wäre kaum denkbar. Ein »Hochofen voller Geigen« dürfte zwar realisierbar sein, visuell effektvoll allerdings kaum. Bei einer Verkehrsinsel könnten die Befestigungsprobleme wahrscheinlich noch gelöst werden, doch an einer Achselhöhle haftet nicht eine einzige Geige – geschweige denn viele. Eine »Achselhöhle voller Geigen« klingt also nicht nur gewöhnungsbedürftig, sondern ist auch praktisch nicht umsetzbar.

Diesbezüglich hat der Schöpfer also einiges richtig gemacht. Warum ist das Ergebnis seiner Arbeit trotzdem letztendlich eher dürftig? Nun, es gibt nur *eine* → Sonne, ebenso verhält es sich mit dem Mond. Selbst beim Doppelstern Algol im Sternbild Perseus wird dem geneigten Himmelsbeobachter mehr geboten als hier auf der Erde. Zumal ja die Sonne nur tagsüber zu sehen ist (und der Mond teilweise überhaupt nicht).

Wären da nicht die Sterne, könnte man dem Schöpfer Faulheit unterstellen. Weil es unzählige sind, müsste hier die volle Bewertung vergeben werden. *Müsste,* denn da auch die Sterne ausschließlich nachts und damit nur die Hälfte des Tages sichtbar sind, wird die halbe Punktzahl abgezogen.

Weitere Abstriche, da der Himmel nicht ungefährlich ist. Nicht wenigen ist er schon mal auf den Kopf gefallen.

★★☆☆☆☆

Hochbett oder Hochbeet

Seit Jahrzehnten streitet die Fachwelt, welche der beiden Bezeichnungen orthographisch korrekt sei. Da kein Ende in Sicht ist, erscheint eine seriöse Bewertung zum momentanen Zeitpunkt nicht zielführend.

Hoden

Seltsam, aber funktionell

Von Natur aus schon ein absoluter Hingucker, sehen Hoden bei entsprechender Verpackung (z. B. Thermohose) besonders gut aus. Äußerst effektiv, denn auf engstem Raum wird Platz für Millionen Spermien geboten. Etwas schmerzempfindlich bei Berührung, etwa mit Hammer, Zange oder Zunge.

Sind leider auch oft im Weg (beim Sitzen, Liegen oder Beischlafen).

★★★☆☆☆

Hohe Schuhe

Geil!

★★★★★★

Hollywood

Das einzig Bedeutende, was diese kalifornische Kleinstadt neben Charlie Chaplin und → Indiana Jones hervorgebracht hat, ist die gleichnamige Schaukel.

Die allerdings ist zeitlos hipp!

★★★★★★

Hubschrauber

Aus der Mode gekommenes Fluggerät, das früher zum Beispiel bei Hubschraubereinsätzen unentbehrlich war. Wurde oft in Rockmusikvideos verwendet, um breitbeinig stehende Gitarristen beim Solo auf einsamen Klippen zu filmen.

Fazit: Einst Überflieger, heute insektides, plump anmutendes Relikt aus der Zeit des Kalten Krieges.

★☆☆☆☆☆

Hügel ...

... sind deutlich kleiner und unspektakulärer als Berge. Handelt es sich um ein frühes, noch zaghaftes Werk des Schöpfers? Oder stammt es aus seiner Spätphase und er war einfach nur zu faul?

Fragen über Fragen ...

★★★☆☆☆

Humor

Ebenso wie die Wiege der Menschheit liegt auch die Wiege des Humors – und somit auch jene des → Witzes – in Afrika. Der dort ursprünglich entstandene schwarze Humor hat sich über die Jahrtausende stetig entwickelt und nach und nach weltweit verbreitet; lachte man im Zweistromland noch über Ägypterwitze *(»Kommt 'n Pharao zum Arzt«)*, schmunzelte man im Mittelalter bereits über diverse Berufsgruppen *(»Kommt 'ne Hexe zum Arzt«)*, während in den siebziger Jahren des vergangenen Jahrhunderts Witze über weibliche Bevölkerungsteilnehmer *(»Kommt 'ne Blondine zum Arzt«)* und die Anwohner der nördlichen Tiefebene *(»Kommt 'n Ostfriese zum Arzt«)* für Heiterkeit auf Arbeit und im Privatbereich sorgten. Heutzutage ist es zu Recht verpönt, sich über Schwächere zu amüsieren *(»Kommt 'n Einarmiger zum Arzt«)*, die Zeiten haben sich geändert, Witze auf Kosten Stärkerer *(»Kommt 'n Gewichtheber zum Arzt«)* sind mehr und mehr im Kommen.

Wurden die ersten Witze in Ermangelung einer → Sprache noch durch Gesten ausgetauscht, kursieren mittlerweile hoch entwickelte digitale Hightech-Gags im Internet, die so lustig sind, dass sie ohne → Pointe auskommen. Auch in anderen Lebensbereichen sind mehr oder weniger geschickt geflochtene Schmunzelgewebe anzutreffen, wie zum Beispiel in Kontaktanzeigen

(»Suche Mann mit Pferdeschwanz, Frisur egal«) oder in der Politik *(»Ich gebe Ihnen mein Ehrenwort«).*

Fazit: Eine Glanzleistung des Schöpfers – der übrigens selbst über eine gehörige Prise Humor verfügt, wie er mit der Erschaffung des → Belgiers eindrucksvoll bewiesen hat.

★★★★★★

Hunde (lat. canis)

… sind gut. Aber → Katzen (lat. *felidae*) sind besser, da wesentlich nachhaltiger (sieben Leben).

★★★☆☆☆

Hüpfburg

Unverzichtbar!!!

Ob Geschäftsjubiläum, Autobahnteilstückeinweihungszeremonie oder runder Geburtstag – was wäre eine öffentliche Veranstaltung ohne die Lebensfreude spendende Präsenz einer Hüpfburg? Bei optimaler Raumnutzung überrascht sie Eltern und → Kinder immer wieder mit thematischer Ornamentik und lässt die latent gefährlichen, infantilen Bewegungsimpulse der kleinen Zappelphilipp*innen zu harmlosen kinetischen Druckluftstauchungen verpölpen. Die Angebotspalette ist riesig und reicht von relativ einfachen Modellen wie dem »Dschungelparadies« bis zu geschlossenen High-End-Systemen wie dem »Führerbunker« von Heckler&Koch, der zusätzlich optimalen Lärmschutz bietet. Gerade Letzteres hat natürlich seinen Preis, die Investition lohnt sich jedoch. Die Pluspunkte sind so zahlreich, dass sie hier nicht einzeln angeführt werden können.

Minuspunkte? Kein einziger!

★★★★★★

I

★★★★★★★★★★★★★★★

Impfpflicht

Pf!

Ein Terminus mit Doppel-Pf! Das gibt`s sonst nur bei dem Begriff »Schlumpfsumpf«. Es kann also nichts werden, denn wer eine solche Massenveranstaltung organisiert, sollte sich nicht nur auf ein Virus beschränken.

Was ist mit anderen Brennpunkten? Warum nicht gleichzeitig eine Impfung gegen Haarausfall? Was ist mit dem Schutz vor Erdbeben? Und – vor allem – gegen Hochwasser (könnte ja eine Schluckimpfung sein)? Wenn schon Massenimpfung, sollte man die Gelegenheit nutzen und zusätzlich Zäpfchen gegen den Stau auf dem Berliner Ring verteilen.

Fazit: Ehrgeiziges, leider auch engstirniges und kleingeistiges Projekt.

★★☆☆☆☆

Indiana Jones und das Königreich des Kristallschädels

Die schauspielerische Leistung des Hauptdarstellers ist wie immer top. Auch in diesem Streifen begeistert Indiana Jones durch sein intensives, subtiles Spiel, und man darf sich zu Recht wundern, warum ihm erst in der Rolle des Harrison Ford der internationale Durchbruch gelungen ist.

Zum Film: Wie der Titel andeutet, geht es um einen Kristallschädel. Dieser taucht zu Beginn auf, ist plötzlich nicht mehr da und verschwindet kurz darauf. Unvermittelt erscheint der Schädel erneut, um alsbald wieder weg zu sein. Zum Schluss überschlagen sich die Ereignisse, ein → Sturm der Entrüstung bricht los, fast kommt es zum → Krieg, aber wie aus dem Nichts ist der Schädel auf einmal wieder da! Mehr soll an dieser Stelle nicht verraten werden.

Wie erwartet wird dem Zuschauer eine Menge Action geboten. Und doch gibt es einen Kritikpunkt, denn es fehlt die sozialkritische Komponente: keinerlei Querverweise oder Stellungnahmen zur Genderdebatte oder den Landtagswahlen in Sachsen-Anhalt!

Ein kurzweiliger Streifen, der gut unterhalten hat. Mehr allerdings nicht.

★★★☆☆☆

Inflation

Scheiße!

Das, wofür man jahrelang geackert hat, ist plötzlich wertlos!

PLUS:

- Das kann doch nicht wahr sein!!!

MINUS:

- Scheinbar doch!

Tja, kann man nix machen – außer ein doofes Gesicht. Bringt wenigstens ein kleines bisschen Schwung in die Bude.

4 Sterne, aber die sind nur halb so viel Wert.

★★☆☆☆☆

Italiener

Unterschätzt!

Redseliges, auf einer Halbinsel im südlichen Europa angesiedeltes Völkchen mit einer Vorliebe für Vespas und Damenhandtaschen. Trotz finanzieller Probleme seit Jahren Vorreiter im Umweltschutz (sie trennen ihren → Müll, indem sie ihn an unterschiedlichen Stellen ins Mittelmeer kippen).

Ebenfalls bemerkenswert erscheint, dass die Italiener frühzeitig begannen, äußerst attraktive Bauruinen zu errichten wie das Kolosseum, das Forum Romanum oder das Finanzamt Pisa-Süd.

Diese Vorsorge zahlt sich heute aus.

Trotzdem ein Stern Abzug (Pizza Margherita)

★★★★★☆

J

★★★★★★★★★★★★★★★

Jagd

»Machet euch die Erde untertan!«

Eine Aufforderung des Schöpfers, die der Mensch doch relativ amtlich in die Praxis umsetzte. Von Zotteltier bis Federvieh – so ziemlich alles wird seit Urzeiten flachgelegt. Heutzutage erscheinen Eichhörnchen, Waschbär oder Hamster durchaus nicht leicht zu treffen. Verwunderlich, dass trotzdem Löwe, Elefant und Nashorn als das geilste Flintenfutter gelten.

★★★☆☆☆

Jakuzi (auch Jacuzzi oder auch gerne Whirlpool)

Prickelnd

Sorgt bei der Durchführung von Orgien jedweder Art für eine wohlig dekadente Grundanmutung. LED-Beleuchtung mittlerweile unabdingbar.

★★★★★★

Jazz

An Frank Zappas fachkundiger Bewertung aus dem Jahre 1974 hat sich nichts geändert: »Jazz ist nicht tot – er riecht nur komisch.«

★★☆☆☆☆

Johnny Depp

International bekannter Filmstar, der sich mittlerweile von der großen Leinwand zurückgezogen hat und vom Blockbusterdarsteller ins Charakterfach gewechselt ist. Nachdem er früher zweistellige Millionengagen fordern konnte, konzentriert er sich mittlerweile auf die Qualität der Drehbücher.

Seine letzte Produktion – ein Scheidungsdrama – wurde exklusiv im Internet veröffentlicht. Die kammerspielartige Inszenierung (das Stück spielt ausschließlich im Gerichtssaal) erschien ein wenig bemüht, redundant und dadurch eindeutig zu lang. Obwohl der Edelmime

durch seine zurückgenommene Darstellung durchaus zu glänzen wusste, hat er als Jack Sparrow mehr überzeugt.
★★★☆☆☆

Jugend

Rebellisch und permanent paarungsbereit. Schon das beides reicht, um ordentlich zu nerven (vgl. → Pubertät).
★★☆☆☆☆

Jugendfischereischein

Wird erteilt von der Jugendfischereischeinaustellungsbehörde. Onlinebearbeitung möglich. Bei direkter Beantragung im Jugendfischereischeinaustellungsbehördengebäude (dort leider Angelverbot) kann bei Bedarf der Jugendfischereischeinaustellungsbehördenparkplatz genutzt werden. Der Jugendfischereischeinausstellungsbehördenparkplatzwachschutz ist von 9 bis 17 Uhr besetzt. Der Jugendfischereischeinaustellungsbehördenparkplatzwächter macht einen kompetenten und zuverlässigen Eindruck.

PS: Die Jugendfischereischeinaustellungsbehördenparkplatzwächterstochter ist sehr hübsch (nur deshalb 4 Sterne)
★★★★☆☆

K

★★★★★★★★★★★★★★★

Kaffee

PLUS:

- fördert soziale Bindung im Kollegenkreis, da Kaffee trinken das Einzige ist, was auf Arbeit Spaß macht

MINUS:

- draußen nur Kännchen

★★★☆☆☆

Kartoffel

Grundnahrungsmittel und Sättigungsbeilage in einem – das können sich nicht viele Lebensmittel auf die Schale gravieren. Die Stärke der Kartoffel ist: Sie steckt voller

Stärke. Ein Vorteil gegenüber der Nudel, diese ist voller Schwäche. Doch Kartoffeln gegen Nudeln abzuwägen hieße Äpfel mit Birnen zu vergleichen, und dieser Vergleich hinkt bekanntermaßen, einfach weil er humpelt.

Kartoffel: ★☆☆☆☆☆
als Brei: ★★☆☆☆☆
als Puffer: ★★★☆☆☆
als Brat: ★★★★☆☆
als Chip: ★★★★★☆
als Druck (z.B. von → Picasso): ★★★★★★

Die Anzahl an vergebenen Sternen ergibt, relativiert mit den Häufigkeiten ihrer Verwendung einen Gesamtschnitt von 3,17753773625962652261383947 (gerundet).

Käse

»Käse ist das Streben der → Milch nach Unendlichkeit.«
Und das schmeckt man. Bei allen Sorten.
Außer Leerdamer.

★★★★★☆

Katzen (lat. felidae)

… sind gut. Aber → Hunde *(lat. canis)* sind besser (da auch als Schimpfwort einsetzbar).

★★★★☆☆

Keks

Solides Backwerk

PLUS:

- gut portionierbar

MINUS:

- gelegentlich mürbe

★★★☆☆☆

Kind (allgemein)

Bauweise mehr oder weniger identisch wie beim klassischen → Menschen. Anschaffung sollte gut überlegt werden, manche Baureihen wie Modell Jaqueline oder → Ronny erweisen sich später als äußerst kostenintensiv (hoher Betreuungsaufwand, da komplett verbimmelt). Nicht nur der finanzielle Aufwand ist beträchtlich, denn Kinder kosten nicht nur Geld, sondern beim Zeugungsakt auch erst mal eine Menge Überwindung.

PLUS:

- Haltbarkeit (deutlich länger als beim Rentner)
- lernfähig (zumindest teilweise)
- irgendwie niedlich

MINUS:

- vorlaut und bockig
- Wer Kinder hat, wird wissen: Da bleibt kaum noch Zeit für die Familie.

★★★☆☆☆

Kissen

Echter Klassiker in puncto Gemütlichkeit

Es sei denn, es ist mit gefrorenem Spinat gefüllt.

★★★★★☆

Kleidung

Pfiffiges Accessoire

Menschen, die vom Schöpfer mit nur wenig Attraktivität gesegnet wurden, erhalten die Möglichkeit, ihre ästhetischen Makel durch Kleidung besonders hervorzuheben. Am besten geeignet sind enge T-Shirts, Leggins, bauchfreie Tops, Netzhemden und vieles andere mehr.

★★★★☆☆

Klöße …

… sind Sättigungsbeilagen, deren betonähnliche Rohmasse ursprünglich für den Kanalbau gedacht war, welche wegen Nichteignung jedoch zu kruden Klumpen verformt, aufgekocht und zu Verzehr gebracht wurde. Eigentlich sind Klöße ungenießbar, doch ihre Existenz rechtfertigt immerhin das Bestehen Thüringens.

Deshalb …

★★★★☆☆ (plus Bonus-Brösel)

Knilch

Dödelhafter, zur Selbstüberschätzung tendierender Honk. In der Darreichung teils lächerlich, teils fürchterlich (vgl. → Regisseur). Trotzdem nicht gänzlich nutzlos, da intensive Kontakte zwar nerven, aber das eigene Selbstwertgefühl steigern (»Na, ganz so doof wie der bin ich nicht«).

Nicht zu verwechseln mit dem Vollhorst, dem → Hodengnom oder dem XXL-Lutz!

★★☆☆☆☆

Krankheiten …

… scheinen beliebter zu sein als man denkt. Viele Menschen richten ihren Lebensplan sogar mehr oder weniger direkt darauf aus, binnen kurzer Zeit erkranken zu können. Manche versuchen, dieses Ziel zu erreichen, indem sie sich sogenanntem Alltagsstress oder den Wirkungen massiver Rausch- und Betäubungsmittel aussetzen. Auch im Arbeitsleben werden vielerlei krankheitsverheißende Angebote angenommen: Man fällt von Leitern, atmet Schadstoffe ein oder versucht, die Einwirkungen massiven Lärms zu nutzen. Ebenfalls begehrt sind Rückenschmerzen, an denen laut Studien achtundsiebzig Prozent der männlichen und siebenundsechzig Prozent der weiblichen Bevölkerungsteilnehmer leiden, was einer beachtlichen Quote von knapp einhundertfünfzig Prozent entspricht (nicht eingezählt jene, die gern Rückenschmerzen *hätten*).

Um im Freizeitbereich krank zu werden, scheint der Wintersport besonders geeignet. Wem es nicht gelingt, beim Skifahren oder ähnlichen auf Glitt basierenden Fortbewegungen einen Knochenbruch davonzutragen, hat immerhin noch die Chance auf einen grippalen Infekt durch eine amtliche Unterkühlung während des Anstehens am Lift.

Trotzdem bleibt die Frage, was direkt der Schöpfer mit seinem prall gefüllten Arsenal an diversesten Krankheitsvarianten erreichen will? Das Ziel, den Menschen dadurch auf kürzestem Wege zu Tode zu bringen, kann es wohl kaum sein. Dazu verschwinden zahlreiche Krankheiten viel zu leicht, quasi von allein (Akne, Mumps, → Pest), oder sind durch Medikamentengabe oder → Eigenurin (Tabletten, Pharmaindustrie) viel zu einfach heilbar.

Fazit: Entweder sind Krankheiten ein Indiz dafür, dass selbst einem Schöpfer wie *dem* Schöpfer kleine Fehler unterlaufen können (vgl. → Dinosaurier), oder er möchte uns etwas zeigen, das zu verstehen wir (noch) nicht in der Lage sind.

Wollen wir also nicht groß meckern und Schwamm drüber.

Hauptsache gesund.

★☆☆☆☆☆

Krieg

PLUS:

- Vermeintlich sinnloses Personal (Luftwaffenhelfer, Generäle) bekommt endlich mal was zu tun.
- für militärisch und politisch hochrangige Persönlichkeiten meist aus angenehmer Distanz zu erleben
- verbaute Innenstadtbereiche können anschließend neu gestaltet werden.

MINUS:

- hoher Schwund an Mensch und Material
- Antikriegslieder (»Die weißen Tauben sind müde«)
- grausam – deshalb maximal im Kino zu ertragen

★★★★★★

Kugelblitz

Vermutlich nur eine Legende

Wer tatsächlich einen gesehen hat, bitte melden (Bewertungsvorschlag nicht vergessen!)

Künstliche Intelligenz (KI)

Wie immer ist uns China einen Schritt voraus. Dort kommt die Künstliche Intelligenz bereits zum Einsatz, während wir hier noch mit Natürlicher Blödheit arbeiten.

PLUS:

- sehr schlau

MINUS:

- sehr künstlich

★★★☆☆☆

Kürbis

Immer wieder gern

Opulente Frucht, deren Nutzen und Geschmack zweitrangig sind. *KÜRBIS* klingt einfach geil. Hat sich deshalb vermutlich auch als Nachname durchgesetzt (wie beispielsweise Agamemnon Kürbis, der legendäre Türsteher im Berliner Berghain).

Funfact: Zu Halloween werden Kürbisse von innen angestrahlt, um Geister zu vertreiben. Wenn man sie von außen anstrahlt, kann man Geister anlocken.

0 Sterne für den Geschmack, 5 für den Klang.

★★½☆☆☆

L

★★★★★★★★★★★★★★★

Landschaft

Gut durchdacht

Hauptsächlich außerhalb von Städten angesiedelt, besonders in Brandenburg weit verbreitet. Größere, noch unentdeckte Vorkommen werden in der Mongolei vermutet. Vom Schöpfer sehr gut durchdacht, da Landschaft immer exakt so groß ist, dass sie genau in die Gegend passt. Meist hübscher Anblick. Leider nur tagsüber möglich, denn nachts mangelt es der Landschaft noch an Präsenz.

Verbesserungswürdig.

★★★★☆☆

Läuse

Aus welchem Grund der Schöpfer den unangenehmen *Pediculus humanus capitis* auf dem menschlichen Schopf ansiedelte, war lange unklar. Aber Bevölkerungsteilnehmer mit Kaltwelle haben es doch tatsächlich nicht anders verdient, oder?

★☆☆☆☆☆

Leben

Volle Punktzahl!

Nach wie vor so ziemlich das Krasseste, was sich der Schöpfer aus dem Kreuz geleiert hat. Respekt!

★★★★★★

Leberwurst

Als einzige Wurst in der Lage beleidigt zu sein.

★★★★★☆

Gütesiegel Extrawurst

Lesen ...

... ist eine Fähigkeit, die einen langwierigen evolutionären Prozess durchlaufen hat und abgesehen von höchst spezialisierten Tieren wie dem Buchfinken und der Leseratte fast ausschließlich dem Menschen vorbehalten ist. Voraussetzung hierzu ist die → Schrift, welche erstmals in einer Höhlenzeichnung aus der (logischerweise) Kreidezeit nachgewiesen wurde. Diese besteht aus einem einzigen Buchstaben, einem → O, mit dem der Autor – vermutlich ein angehender Rechtsanwalt – wohl seine Vorfreude auf die bevorstehende Zeit des Jura zum Ausdruck bringen wollte.

Vor der Erfindung der Schrift beschränkte sich der Mensch auf das Lesen von Spuren, Kaffeesatz und → Kartoffeln, später las man die Uhr oder einander die Leviten. Am meisten Spaß macht das Lesen von Gedanken.

Funfact: Man kann auch das hier vorliegende → Buch lesen.

★★★★★☆

Licht

Pfiffiges Produkt, auch marketingtechnisch durch einprägsamen Slogan (»Es werde Licht«) vom Schöpfer genial beworben. Einfache und effektive Handhabung, schon beim Einsatz geringster Dosen wird es automatisch heller. War jahrelang nur als Lampe lieferbar, ist mittlerweile auch als LED erhältlich und in sämtlichen Bereichen vertreten, wie zum Beispiel im Straßenverkehr (Bremslicht), moderner Stadtplanung (Rotlichtviertel) oder der Zeitmessung (Lichtjahr). Weltweit verbreitet, ausgenommen ein paar dunkle Flecken auf der Landkarte (Finsterwalde).

PLUS:

- sorgt in bunter Darreichung für gute Stimmung (z.B. in der Disco oder im → Jakuzi)
- ermöglicht immer wieder neue Anwendungen (grünes Effektlicht unter dem Jugendzimmerbett)

MINUS:

- Energieverbrauch
- Lärmbelästigung (Lichthupe)

★★★★★☆

Liegefahrradfahrer

Seltsame Lebewesen

Am ehesten zu vergleichen mit denen, die mit Metalldetektoren die → Strände absuchen.

★☆☆☆☆☆

Likör »Hodengnom«

Empfehlenswert

Wohlschmeckender Eierlikör der Landbrennerei Sack, angeblich nach einem alten Rezept der Gebrüder Eichel. Knapp 22 Prozent → Alkohol. Mit elf Euro für die 0,7 Literflasche nicht unbedingt preiswert.

Etwas steif im Abgang.

★★★★☆☆

Lockdown

Maßnahme, die bei unterschiedlichsten Anlässen (Pandemien, Bodennebel) verhängt werden kann.

PLUS:

- Erfolg oder Misserfolg nur schwerlich zu messen, deshalb beliebig oft einsetzbar
- fährt alles mal so richtig runter (bzw. in die Scheiße)
- Man hat sehr viel Zeit für die → Familie.

MINUS:

- Man hat sehr viel Zeit für die → Familie
- kostet immer gleich mehrere Milliarden

★☆☆☆☆☆

M

★★★★★★★★★★★★★★★

Mammuts

Lümmelten früher ähnlich sinnlos wie der → Flugzeugträger in der Gegend rum. Immerhin ausgestorben, was zeigt, dass der Schöpfer einen Fehler erkennen und sogar korrigieren kann. Macht ihn irgendwie liebenswert. Ein Sympathiestern.

★☆☆☆☆☆

Männer

Da gibt es erst recht solche und solche!

vgl. → Butterdosen

★★★☆☆☆

Mathematik

PLUS:

- … ist ein fester Bestandteil der Mathematik.

MINUS:

- … ebenfalls.

Bewertung: Ist noch in der Berechnung!

Meerrettich

Macht alles scharf, sogar → Leberwurst. Das reicht für gepfefferte 5 Sterne.

★★★★★☆

Mensch

Insgesamt gut konstruiert

Kann sehr gut laufen, liegen, stehen und sogar sitzen (Preisfrage: Wie würden Stühle aussehen, wenn der Mensch die Kniescheiben hinten hätte?).

PLUS:

- abwaschbar
- attraktiv (betrifft allerdings fast ausschließlich Modell weiblich).

MINUS:

- in Gruppen oft lärmend und umweltbelastend
- nicht verschleißfrei, nach einigen Jahren arge Gebrauchsspuren.

Gesamteindruck: Bekiffte Menschen sind leichter zu ertragen als Betrunkene.

Bewertung muss aufgeteilt werden:

Modell Mann erhält drei Sterne (Abzüge wegen Haarausfall und teils unangemessenen Gesamtverhaltens), Modell Frau bekommt zwei Sterne mehr (wegen Busen).

Mikroplastik

Relativ neuartiges Phänomen, denn noch vor fünfzig Jahren bestand Mikroplastik fast komplett aus Holz. Schwirrt vor allem im Meer umher, der Sinn ist umstritten. Ebenso der Nutzen (Versuche, Mikroplastik aus Kartoffeln herzustellen, um es quasi wie Plankton verfüttern zu können, sind bisher gescheitert). Kann auf unterschiedlichen Wegen in Menschen und andere Lebewesen eindringen und entsteht zum Beispiel bei der Nutzung von Autoreifen (Abrieb) oder → Kondomen (Auf- und Abrieb).

PLUS:

- Ist nicht so gefährlich wie das wesentlich gröbere Makroplastik (wer schon mal versehentlich einen Plastelöffel verschluckt hat, weiß, was gemeint ist).

MINUS:

- Bekommt man nur schwer wieder raus, einfaches Ausschütteln eines Menschen reicht meist nicht.

★★☆☆☆☆

Milch …

… stammt von der Kuh, wobei man fairerweise erwähnen muss, dass auch andere Tiere (Iltis, Pudel oder → Katzen) Milch produzieren können. Letztendlich hat sich die Kuh durchgesetzt, da diese auch einen großen Teil des Transports übernimmt.

Die Milch begleitet die Menschheit seit ihren Anfängen und wird bereits in den schon zitierten Pergamenten aus den Qumran-Höhlen (vgl. → Hausschuhe) erwähnt:

Und gemäß dem Willen ihres Schöpfers machten sich die Menschen die Erde untertan, rodeten eifrig die Wälder und bändigten emsig das Meer. Doch als es daranging, die Felder zu bestellen, machte sich Unmut breit.

»Herr!«, riefen sie aus, »die Arbeit ist zu schwer!«

Und so schenkte ihnen der Schöpfer den Pflug.

»Herr!«, beschwerten sie sich, »es ist immer noch anstrengend!«

Der Schöpfer schenkte ihnen die Kuh.

»Herr!«, schimpften die Undankbaren, »das Tier ist zu störrisch!«

Also gab er ihnen die Peitsche und lehrte sie, das Vieh zu zähmen, das Leder zu gerben und das Fleisch zu kochen.

»Und was«, fragte ein zahnloser Greis, »hat es mit dieser weißen Flüssigkeit auf sich?«

»Du findest sie allüberall in meinem Werk, alter Mann«,

erwiderte der Schöpfer geduldig. »Auch in den Brüsten eurer trächtigen Weiber.«

»Herr!«, rief die Tochter des Alten aus, »wie sollen wir diese milchige Flüssigkeit nur nennen?«

»Du sagst es selbst, Weib«, gab der Schöpfer zurück. »Milch!«

Und er lehrte die Menschen das Melken, doch noch immer verstummten die Unzufriedenen nicht.

»Herr!«, murrte der eine, »wo sollen wir die Milch aufbewahren?«

Der Schöpfer schenkte ihm einen Eimer.

»Herr!«, schimpfte ein anderer, »es riecht übel!«

Der Schöpfer schenkte ihm einen Deckel.

»Herr!«, rief eine kesse Magd, »was sollen wir tun mit jener Milch?«

Da verdunkelte sich die Sonne! Blitze zuckten herab, und ein eisiger Windhauch ließ die Menschen erschauern!

»ICH KANN MICH NICHT UM ALLES KÜMMERN!«, zürnte der Schöpfer mit donnernder Stimme und fuhr in einem Feuersturm gen Himmel. Sein göttlicher Groll dauerte fünftausend Jahre an, und so erschien er den Menschen erst wieder, um Moses die Zehn Gebote zu übermitteln.

Lange Zeit wurde Milch dann einfach so getrunken, bis ein pfiffiger Trappistenmönch erkannte, dass Milch nicht nur äußerst beschissen schmeckt, sondern diese Eigenschaft auch mit der Heidelbeere teilt.

Der Rest ist Geschichte (vgl. → Heidelbeerjoghurt).

★★★☆☆☆

Möbel

Aus unerfindlichen Gründen kaufen Menschen Möbel. Diese nehmen erheblichen Raum ein – besonders in geschlossenen Räumen wie in der Wohnung. Damit sie nicht sinnlos herumstehen, werden Gegenstände gekauft, womit man die Möbel befüllt. Logischerweise sind die Möbel bald zu klein und man benötigt einen größeren geschlossenen Raum (Wohnung) für größere Möbel, für die dann wiederum nachfolgend weitere, am besten größere Gegenstände gekauft werden müssen. Eine Spirale des Schreckens.

Tipp: Wehret den Anfängen – verzichtet auf Möbel! Hauptsache, man hat Stuhl.

★☆☆☆☆☆

Monogamie …

… abgeleitet vom lateinischen Monotonie, spricht gegen den gesunden Männerverstand. Vielleicht deshalb gerade gut? Aber ob das der Schöpfer tatsächlich so gewollt hat?

Wir werden es nie erfahren.

★☆☆☆☆☆

Müll

Erst mit Beginn der industriell-technischen Revolution und der daraus folgenden Entwicklung neuer Materialien (PVC, Plastik und Polyvinylchlorid) wurde es möglich, Müll auch in großen Mengen herstellen zu können. Heutzutage sind ganze Industriezweige auf die Müllerzeugung spezialisiert (Verpackungsindustrie, → Fernsehen) und erzeugen solch exorbitante Mengen, dass man den Müll gar nicht so schnell wegschmeißen kann, wie er entsteht.

Wer kritisiert, sollte auch Lösungen bieten? Momentan wird alles digitalisiert. Warum nicht auch Müll digitalisieren und dann einfach löschen?

Dies nur als Anregung, umsetzen müssen es andere. Bis dahin …

★☆☆☆☆☆

Mutter (auch Mutti, Mama oder Meine Alte)

Ob es einem gefällt oder nicht – ohne Mutter wäre kaum einer von uns auf der Welt (abgesehen von niederem Gekröse wie Pflanzen und Amöben). Das signifikanteste Wesensmerkmal der Mutter – explizit jener der Gattung Mensch – ist die ihr innewohnende Mutterliebe. Während diese in den ersten Phasen des Lebens durch das Spenden von Nahrung und Wärme unentbehrlich ist, wird die Mutterliebe in späteren Lebensabschnitten (Pubertät, Erwachsenenalter, Rente) zunehmend als Belästigung empfunden.

Da man als Mutter nicht geboren wird, sondern erst durch die erfolgreiche Vollstreckung des sogenannten → Geschlechtsverkehrs (kurz GV) zu selbiger mutiert, ergeben sich nicht unbeträchtliche Veränderungen am Originalzustand der bisherigen Gattin, Geliebten oder austauschbaren Sexualpartnerin. Diese Veränderungen sind sowohl innerlicher als auch äußerlicher Natur – zu ersteren zählen die häufig zu beobachtenden hormonellen Wallungen*, zu letzteren eine deutliche Zunahme an Leibesfülle. Diese wird vor allem durch mehr Gewicht erreicht, das bis zu fünfzig Prozent betragen und stochastisch verteilt den gesamten Korpus befallen kann.

Beide Begleiterscheinungen müssen als überwiegend negativ eingeschätzt werden, sollten allerdings nicht darüber hinwegtäuschen, dass die Mütter einen überwiegend guten Job machen.

★★★★☆☆

* Die FRZ schreibt dazu: Die Annahme, der Mensch ändere durch Schwangerschaft sein Verhalten, ist irrig. Vielmehr heißt es anzuerkennen, dass der bisherige Mensch aufhört zu existieren, um sich in ein Muttertier zu transzendieren. Anzeichen dafür sind Symptome wie Nestbautrieb, euphorische Schübe, Angstattacken sowie abnormes Verhalten bei der Nahrungsaufnahme.

N

★★★★★★★★★★★★★★★

Nachbarn

Vor allem in dicht besiedelten Gebieten häufig anzutreffen. Wenn ich meinen schlimmsten Feind bereits in der Wohnung habe (vgl. → Familie), warum brauche ich dann auch noch einen nebenan?

★★★★★★

Nase (die)

Einfach dufte!

Das einzige Körperteil, das man rümpfen kann. Dient außerdem als Werkzeug (Hakennase), Motorzubehör (Riechkolben) und Orientierungshilfe in unwegsamem

Gelände (»Immer der Nase nach«). Verstopft zwar gelegentlich, kann dafür aber selbständig laufen. Leider ähnlich schmerzempfindlich wie der → Hoden, insgesamt aber deutlich besser durchdacht als die → Achselhöhle.

Geht doch, Schöpfer!

★★★★★☆

National Aeronautics and Space Administration (NASA)

US-amerikanische Raumfahrtbehörde, nicht zu verwechseln mit dem gleichnamigen Nahverkehrsservice Sachsen-Anhalt. Beide Einrichtungen haben vergleichbare Ziele, aber Vorsicht! Erstere dringen in Bereiche vor, in denen nie zuvor ein Mensch gewesen ist. Letztere dringen ebenfalls vor, allerdings in Bereiche, wo nie ein Mensch hinwill.

Fazit: Die feinen Herren in Cape Canaveral hatten wohl Wichtigeres zu tun, als den Namen ihrer Behörde gesetzlich schützen zu lassen. Das kommt davon, wenn man ständig in den Mond guckt. 3 Sterne Abzug!

★★★☆☆☆

Nebel ...

... wurde ähnlich wie → Schnee erschaffen, um Flüchtigkeitsfehler des Schöpfers bei der Gestaltung der

→ Landschaft zu kaschieren. Deshalb häufig in Neubaugebieten, aber auch in → England und → Gütersloh zu beobachten.

Der Fachmann unterscheidet zwischen natürlichem und künstlichem Nebel. Ersterer besteht aus Wasserdampf und entsteht meistens dann, wenn → Wasser verdampft. In unverdampftem Wasser kann man baden, während man in den Nebel eintauchen muss. Künstlicher Nebel wird von speziellen Maschinen, im Waschhaus und von Politikern erzeugt (deren Aussagen deshalb oftmals als *nebulös* bezeichnet werden).

Funfact: Der Vorname vom Nebel ist Carmen.

★★★☆☆☆

Neunundsechzig (im Folgenden zur besseren Abgrenzung »69« benannt)

Bezeichnung einer Sexualpraktik, bei welcher der/die/das Mann/Frau mit seiner/ihrer Z***e ihre/seine M**u l***t, während der/die/das andere Mann/Frau seinen/ihren P******* in den M**d nimmt. Zu diesem Zweck liegt ein/e Sexualpartner/in in diametraler Ausrichtung auf dem/der anderen. Um Verletzungen vorzubeugen, positioniert sich der/die/das leichtere Partner/in auf dem schwerer/innen. In der Regel ist dies der/die/das Mann/Frau.

Um die Zahl 69 nicht zu diskriminieren, haben sich

auch andere Bezeichnungen wie 26, 44 oder 287,1 eingebürgert.

Fazit: Äußerst erbaulich, im aktuellen Kontext wirkt Neunundsechzig jedoch irgendwie voll Achtziger.

★★★★☆☆

Neunundsechziger (auch »69er«)

In ihrer → Jugend langhaarige Revoluzzer, von denen die Nachkriegsnazizufriedenheit mit Rudelbums hinfortgevögelt werden sollte.

Gutes Konzept.

Hat sich leider nicht durchgesetzt.

★★★★☆☆

Nilpferde

PLUS:

- nur am Nil anzutreffen

MINUS:

- nur am Nil anzutreffen
- Zubehör schwer zu bekommen (Sattel)

★★☆☆☆☆

O

★★★★★★★★★★★★★★★

O

Allrounder unter den Vokalen

Vielseitiger → Buchstabe, der aus unerfindlichen Gründen ein Nischendasein im letzten Drittel des Alphabets fristet. Optisch eher anspruchslos, dadurch relativ leicht zu Papier zu bringen, weshalb sich im Gegensatz zum W und Y für Schreibanfänger und Legastheniker schnelle Erfolgserlebnisse einstellen *(»Male einfach einen Kreis, Kevin!«)*.

Im alltäglichen Sprachgebrauch teils verzichtbar (Draisine, Papagei, Bullerbü), teils unersetzlich (Kosovo, Moor, Ottomotor). Häufig als Auftakt eines Gefühlsausbruchs anzutreffen, wie Bedauern *(Ojemine)* oder

Angst *(O Gott!)*, ebenso an Weihnachten *(O du fröhliche)*.

Nicht zu verwechseln mit der Null!

Trotz diverser Abstriche fast volle Punktzahl.

Denn ohne O wäre der Autor des Buches nur ein Laf.

★★★★★☆

Obelix

War früher besser.

★★☆☆☆☆

Oma Manfred

Super mit kleinen Abstrichen

Sie ist der Vater aller Großmütter. Bei ihr dürfen Enkel alles. Selbstverständlich ist sie schlau, rüstig, großherzig und natürlich jung. Obendrein kann sie gut kochen, zum Beispiel richtig gute originale Rezepte (Flecke) und auch richtig gut waschen (Flecke).

Alles in allem wirklich perfekt.

Trotz allem ein Stern Abzug (leider schon tot).

★★★★★☆

Osmose

Kein Schwein weiß, was das ist. Klingt aber geil (viel besser als die sperrige Photosynthese).

★★★★★★

Österreich

Es grassieren momentan über acht Millionen Österreicher. Das sind wohl genug, um den Fehler bei sich selbst zu suchen.

★★☆☆☆☆

P

★★★★★★★★★★★★★★★

Paargemeinschaft

Zweck der Paargemeinschaft ist die tendenzielle Überwindung der Individualität durch Auflösung der Gegensätzlichkeit mit dem Ergebnis der Trennung bei Eintreffen selbiger.

Tipp: Um diesen beschwerlichen Weg ein wenig abzukürzen, empfiehlt es sich, bei Sichtbarwerdung des sogenannten Partnerlooks umgehend die Reißleine zu ziehen.

★★★★★★

Pandemien

Kleine Ursache, große Wirkung

Ein Spruch, selten so treffend wie in diesem Fall: Winzige Bakterien oder Viren – oft nicht größer als ein Tuberkel – sind in der Lage, erhebliche Mengen verschiedenster Bevölkerungsteilnehmer abamseln zu lassen. Dies sorgt für teils erheblichen Verdruss und organisatorisches Tohuwabohu, da durch allerlei Steuerungsmaßnahmen versucht wird, allzu häufiges Ableben zu unterbinden.

Fazit: Die wenigsten haben Bock, sich an Gesundheitsschutzmaßnahmen zu halten. Stirbt dann jemand, ist es auch wieder falsch. Je nach Blickwinkel betrachtet, kann die Pandemie so oder so wirken (Überbevölkerung).

Bringt auch Philosophisches hervor, zum Beispiel Sätze wie: »Die Menschen hören auf zu leben, damit sie nicht sterben.« Vermutlich wegen Lockdown und so …

★☆☆☆☆☆

Papier

Vielseitiges Premiumprodukt

Vor Jahrtausenden von den Chinesen erfunden, ist es heutzutage wichtigste Voraussetzung für das Altpapiersammeln. Auch moderne Errungenschaften wie Papierflieger, prall gefüllte Aktenordner, Fahrzeugpapiere oder → Taschentücher wären undenkbar.

Ganz zu schweigen von der Feuerwehr – es gäbe schließlich kein Löschpapier.

★★★★★★

Parteien ...

... sind für das pluralistische System unabdingbar und bestrebt, mit ihren Programmen möglichst viele → Menschen zu erreichen und zu vertreten. Es gibt sie in vielerlei Ausprägungen, das wirklich Große und Ganze hat jedoch nur eine im Blick:

Die Partei »Menschliche Welt.«

Diese steht laut Statut für das »Wohl und Glücklichsein aller.« Darunter sollte es eigentlich keine Partei machen, deshalb ergehen an die »Menschliche Welt« fette fünf Sterne. Alle anderen Parteien müssen sich den verbleibenden Stern demokratisch teilen.

★★★★★☆

Pest

Potenzial nicht ausgeschöpft

Galt in puncto Seuchen einst als absolutes Nonplusultra. Doch kaum kippen die Leute ihre Fäkalien nicht mehr auf den Balkon des Untermieters, kaum gibt es ein paar

Spritzen und Tabletten, zieht der »Schwarze Tod« den Schwanz ein! Heutzutage bekommt man die Pest maximal noch auf sogenannten Mittelaltermärkten (dort allerdings schon beim bloßen Hingucken).

Da war mehr drin, Schöpfer! Wohnungsnot, lange Wartezeiten bei der Reisepassbeantragung und vieles andere mehr könnten längst überwunden sein!

★★☆☆☆☆

Pferde

Interessant nur für Randgruppen wie Jockeys und → pubertierende Mädchen. Ansonsten ein beliebiges Lebewesen. Austauschbar.

★★☆☆☆☆

Picasso …

… hat den Kubismus erfunden. Das sorgte zwar in der Kunstwelt für einige Wallungen, aber weder in Architektur, Sport, Biologie oder Ackerbau gelang es ihm, sich ernsthaft durchzusetzen. Quasi gescheitert (vgl. → Einstein).

★☆☆☆☆☆

Pickel

Wenn der gemeine Teenager (vgl. → Jugend) bei sämtlichen biodynamischen Vitalparametern schon vor dem normalen Menschen liegen muss, ist es nur gerecht, dass es wenigstens einen Makel gibt, mit dem sich seine Alterskohorte ganz allein herumschlagen muss.

Fazit: Nehmt das! Backfische! Ätsch!

★★★★★★

Ping und Pong

Vgl. → Ying und Yang

Pointe

Wichtig, um einen → Witz erfolgreich abzuschließen. Obwohl – besonders unter Humorschaffenden – absoluter Mangel herrscht, liegen einige der besten Pointen noch immer unbenutzt herum, wie zum Beispiel:

- Jürgen
- Rettich Togo
- »Aber doch nicht in Ungarn, Herr Oberförster!«

Bewertung leider erst möglich, wenn die passenden Witze gefunden wurden.

Politiker

Kann jeder werden, der in der Schule früher geschubst und gehänselt wurde.

★★☆☆☆☆

Porree

PLUS:

- gesund

MINUS:

- passt nur hochkant in die Tüte

★★☆☆☆☆

Psychotherapie

Faszinierende Mentalgymnastik …

… zur Dehnung des Unbewussten. Kniehebelauf für Über-Ich und Unter-Mir.

★★★★★☆

Pubertät

Sämtliche Elterntiere verstoßen – meist bei Eintreten der Geschlechtsreife – ihren Nachwuchs. Beim Homo sapiens verhält sich dies nicht anders. Um die Abnabelung durch emotionalen Bindungsballast nicht unnötig zu verkomplizieren, hat der Schöpfer die Pubertät ins Spiel gebracht.

Der Pubertand zeichnet sich durch bockbeiniges, widerborstiges Betragen (vgl. → Extrawurst) und einen olfaktorisch schwer ertragbaren Dunst aus. Das scheint eine äußerst effektive Kombination, denn begeisterte Elternbriefe belegen die hohe Wirksamkeit des Verfahrens:

»Ich habe mein Kind mit Beginn der Pubertät an der Raststätte Krachgarten ausgesetzt. Fühlte mich danach rundum gut.«

»Die Erfahrungen der Pubertät haben unser Eltern-Kind-Verhältnis auf ein völlig neues Level gehoben. Seit drei Monaten haben wir nur noch telefonischen Kontakt.«

Glückwunsch, Schöpfer!

★★★★★★

Q

QAnon

Angeblich nur eine sogenannte Verschwörungstheorie – aber das kann ja heutzutage jeder behaupten. Gerade im Internet. Dramaturgie top a là Shakespeare!

★★★★★☆

Quarantäne

Gegen Schweißfüße, Streuknie, Quarklunge und Rückenschmerzen (vgl. → Krankheiten) keinerlei Wirkung. Beim Rest auch nicht so dolle.

★★★☆☆☆

Quastenflosser

Wer in seiner frühen Kindheit oder Jugend nicht mindestens einmal kurz davon geträumt hat, ein Quastenflosser zu sein, ist ein erbärmlicher Gurkenlurch!

★★★★★★

Quinoa

Neumodischer Superfood-Quatsch

Nur in der Bewertung gelandet, weil noch Begriffe mit »Q« fehlten.

★★☆☆☆☆

Quittenpüree mit Leinsamen

Vgl. → Quinoa

Quizsendungen

Bewerten Sie selbst!

Frage: Wie viele Sterne haben Quizsendungen verdient?

A: ★☆☆☆☆☆
B: ★★☆☆☆☆
C: ★★★☆☆☆
D: ★★★★☆☆

… oder gar …
E: ☆☆☆☆☆☆

Quote

Die Frauenquote führt zu nichts. Wie wäre stattdessen eine Männerobergrenze?

★☆☆☆☆☆

R

Rad

Runde Sache!

Gehört neben dem Medizinball zu den bedeutendsten Vertretern der Gattung → runde Gegenstände. Wie kaum eine vergleichbare Erfindung brachte das Rad eine Menge ins Rollen und erwies sich im Laufe der Zeit auch in anderen Bereichen wie Medizin (Radiologie), Botanik (Radieschen) oder der Schifffahrt (Raddampfer) als so unentbehrlich, dass sicherheitshalber noch das → Ersatzrad erfunden wurde.

Warum also nicht die Höchstwertung? Nun, proportional zur Beschleunigung des menschlichen Lebens stieg natürlich die Zahl der Unfälle. Hieraus ergibt sich eine kritische Frage: Wäre es nicht vielleicht klüger gewesen, zunächst die Bremse zu erfinden und danach erst das Rad?

★★★★★☆

Radebeuler Waldpinguin

Hat vermutlich nie existiert – falls doch, ist er in jedem Fall ausgestorben. Trotzdem drei Sterne (für die gute Idee).

★★★☆☆☆

Ratten …

… gelten allgemein als Geißeln der Menschheit wie hartes Nutella oder → Heino. Seit ihrer Erschaffung genießen sie einen achtenswert zweifelhaften Ruf als »Tauben des Bodens«. Immerhin bringen sie ein wenig Leben in die ansonsten doch recht dröge urbane Kanalisation und das Umfeld manch städtischen Imbisses.

Bemerkenswert hoher Ekelfaktor. Chapeau!

★★★★☆☆

Regisseur

Sehr häufig im Film- und Theaterbusiness anzutreffen. Muss sich ständig verwirklichen, kann dafür ordentlich

Staub aufwirbeln. Weibliche Exemplare meist etwas ruhiger.

Fazit: Regisseure sind wie → Kondome: Mit ist sicherer, ohne macht mehr Spaß. Nur ein Stern möglich, da überbewertet.

★☆☆☆☆☆

Reinkarnation

Wer in den Genuss kommt, im nächsten Leben als hochherrschaftlich Edler vom Stande eines Maharadschas wiedergeboren zu werden, wird sicherlich nicht zögern, beherzte sechs Sterne zu vergeben. Sollte die Reinkarnation jedoch als Fadenwurm niederster Prägung erfolgen, dürfte die Bewertung vermutlich etwas zurückhaltender ausfallen.

Deshalb ist nur eine individuelle Fallbewertung möglich (bei Bedarf bitte selbst durchführen).

Religion

PLUS:

- Funktioniert immer, solange man dran glaubt.
- Man hat jemanden zum Reden (zum Beispiel Gott).

MINUS:

- Der, mit dem man redet (zum Beispiel Gott), antwortet nie.

- … falls doch, ist es im Prinzip zu spät
- Die Quittung für alles bekommt man erst im Jenseits

Fazit: Wem's gefällt …

★★★☆☆☆

Rentner

»Ich existiere, also bin ich. Ich bin Rentner, also war ich.«

Besondere Spezies → älterer Menschen, deren Arbeitskraft sich zunächst in Fliehkraft gewandelt und zu Schwerkraft weiterentwickelt hat (der Humus ruft).

Trotzdem wird das sogenannte Rentnerdasein von vielen als erstrebenswert empfunden. Die große Frage lautet aber: »Wie erreiche ich mit Sicherheit das Rentenalter?«

Geheimtipp von → Oma Manfred: Einfach vorher nicht sterben!

Hihi!

★★★★☆☆

Rezept für veganen Feldsalat

Gaumenschmaus!

Salat waschen und putzen. Zwiebeln schälen und würfeln. Paprika und Champignons putzen und in Scheiben schneiden. Kirschtomaten halbieren, eine Stange

→ Porree würfeln, danach alles in einer Schüssel mischen. Das Dressing am besten einen Tag vorher zubereiten und über Nacht im Kühlschrank ziehen lassen. Dazu eine zerdrückte Knoblauchzehe, Essig, Senf, Zucker und Olivenöl (wer hat, nimmt Erdnussöl) verrühren, danach mit Salz und Pfeffer würzen, eventuell mit frischer Minze oder Zitronengras verfeinern. Je nach Geschmack leicht angeröstete Pinienkerne oder braune Hirse über den Salat streuen, dann zwanzig Minuten ruhen lassen und kurz vor dem Servieren das Ganze gegen ein Rumpsteak austauschen.

Superlecker, leider etwas zeitaufwendig.

★★★★☆☆

Rockmusik

Im Endeffekt nichts weiter als plärrig-quietschendes Gerumpel, präsentiert mit in Ejakulationspose gegniedeltem Gitarrensologewichse (vgl. → Hubschrauber). Schön, dass es so etwas noch gibt. In jedem Fall deutlich besser als Hip-Hop, Schlager und Walzer.

★★★★★☆

Rödelgnilp

Phonetisches Kleinod, das leider nur als Begriff existiert. Offensichtlich war der Schöpfer nach diesem kreativen

Kraftakt zu *er*schöpft*, sich ein passendes physisch präsentes Äquivalent auszudenken.

Könnte einem neu entdeckten Himmelskörper, einem Elementarteilchen oder einer Zahnpasta zugeordnet werden. Vorschläge sind willkommen!

Rolex

Während der hochpreisige Sport-PKW durch das Erreichen rasanter Geschwindigkeit den tatsächlichen Vorteil rascherer Distanzüberwindung bietet, hält dieses Luxusgut keinerlei Mehrwert parat. Tests haben bewiesen: Eine Rolex zeigt die gleiche schnöde Uhrzeit an wie wesentlich billigere Marken anderer Hersteller. Selbst der Einsatz als Statussymbol scheitert am prätentiösen Protzfaktor und mangelnder ästhetischer Dezenz.

★☆☆☆☆☆

Ronny (→ Kind)

Könnte besser sein

Lieferzeit mit knapp einem Dreivierteljahr eindeutig zu lang! Erster Kritikpunkt (Lieferung wesentlich kleiner als erwartet) hat sich mittlerweile verwachsen. Nach

* Vgl. Fußnote auf Seite 41

sechs Jahren leichte Abnutzungserscheinungen, doch sämtliche Reklamationen werden vom Hersteller ignoriert. Kundenservice absolut unterirdisch, Rücknahme wurde verweigert, stattdessen eine weitere Lieferung (Modell Thorben) angekündigt. Die Produktentwicklung kann leider nur als mangelhaft eingestuft werden, denn Hautfarbe und Geschlecht sind noch immer nicht auf Wunsch bestellbar.

★★★☆☆☆

Rudelbums

Würde vielleicht helfen. Oder schaden. Wer weiß?

★★★★☆☆

Ruhe

PLUS:

- Bei absoluter Ruhe ist selbst leisester Krach gut hörbar.

MINUS:

- Wer einmal gut gelaunt früh um vier auf dem Campingplatz »FICKEN!« schreit, gilt schon als Ruhestörer.

★★★☆☆☆

Runde Gegenstände

(Fast) nur Vorzüge

Vielfältig einsetzbar (Medizinball, Billardkugel, Glasauge, Kreisverkehr). Außerordentlich beruhigend, da keine Ecken und Kanten. Setzen sich optisch gut ab (zum Beispiel vom Dreieck) und können bei Nichtbedarf unkompliziert weggerollt werden. Liegen gut in der Hand (nur bei entsprechender Größe).

Nachteil: lassen sich schlecht schräg an die Wand lehnen.

★★★★☆☆

S

★★★★★★★★★★★★★★★

Saarland

Hervorragend geeignet für Größenvergleiche, denn der Fläche des Saarlandes entspricht so ziemlich alles, was irgendwie sinnlos groß, nur eben nicht *sehr* groß ist. In der Gesamtanmutung leider noch etwas zu französisch.

★★★☆☆☆

Sand

Gut gemeint, aber nicht perfekt

Gab es früher wie Sand am Meer. Da als Baustoff schwer nachgefragt (z.B. Shanghai) mittlerweile echte

Mangelware. Wer hätte das gedacht? Der Schöpfer sicherlich nicht!

PLUS:

- beliebtes Dekoelement in Meeresregionen (verwandelt öde Küsten in → Strand)
- lässt sich mit etwas Zement angerührt leicht in Hochhäuser verwandeln (Berlin Marzahn)

MINUS:

- knirscht zwischen den Zähnen

★★★★☆☆

Sauerstoff

Beim nächsten Mal gerne mehr davon. Dafür weniger CO_2 (nur so als Vorschlag).

★★★★☆☆

Schießgewehr

Im → Krieg seit Jahrzehnten gern eingesetzt, da man sich beim Abmurksen nicht mehr die Hände schmutzig machen muss. Hohe Gewinnmargen für die Hersteller. Premiumprodukte mit extrem hoher Reichweite ermöglichen es besonders guten Scharfschützen, aus dem Homeoffice zu arbeiten. Für Lärmempfindliche wird Zubehör (Schalldämpfer) oder zumindest ein Kopfhörer empfohlen. In puncto Effektivität hat der Schöpfer hier ganz hoch ins Regal gegriffen. Leider ein Makel: die unangenehme Wirkung.

Trotzdem ein Stern (falls es mal den Richtigen trifft).

★☆☆☆☆☆

Schildkröten

Pflegeleicht und robust

Verbreiten inspirierendes Phlegma. Lange Lebensdauer, ohne die sie längst ausgestorben wären. Vielfältig einsetzbar (im Aquarium, im Suppentopf, als Fahrradhelm). Abzüge wegen umständlicher Konstruktion (Panzer lässt sich nur von außen öffnen). Deshalb nur wenig → Geschlechtsverkehr, weshalb sich Schildkröten kaum fortpflanzen. Bewertung nur vorläufig:

★★★★★☆

Bis zum Aussterben

☆☆☆☆☆☆

Danach 5 Sterne Abzug

Schimpfworte

Kreativität gefragt

So alt wie die menschliche Sprache selbst. Während sich die Neandertaler noch mit primitiven Beschimpfungen wie »Gnölp« (Flachzange) oder »Bröms« (Hackfresse) begnügen mussten, ist im Laufe der Jahrtausende ein noch immer wachsender, sich ständig entwickelnder Fundus entstanden. Begriffe wie Sotte, Schuft, Dummbatz oder Sackgesicht waren bereits im Mittelalter gängig, einige (granziger Tittenknupf) haben die Zeiten nicht überdauert, andere (Hurensohn, Knusperkopp) sind auch heute noch gebräuchlich. Mittlerweile kann der Schimpfende auf ein schier unerschöpfliches Arsenal zugreifen. Die Bandbreite ist riesig und umfasst nahezu sämtliche Bereiche wie Beruf (Busfahrer), angewandte Geometrie (Hohlkörper) oder das Tierreich (dummes Schwein). Besonders beliebt sind rassistische oder wenigstens sexistische Schimpfworte. Während Klassiker wie »dreckige Hure« noch immer gern als Beleidigung eingesetzt werden, sind andere mittlerweile eher als Kompliment zu deuten (»geiler Bock«).

PLUS:

- flexibel einsetzbar
- Förderung der Kreativität
- verursachen keine physischen Schäden

MINUS:

- können bei unsachgemäßem Gebrauch eigentlich harmlose Situationen eskalieren lassen (vgl. → Krieg).

Kleiner Tipp: Neuschöpfungen wie Opfer, Schwanzgesicht oder Extremplatsch werden immer beliebter. Sei erfinderisch! Die Neukombination bereits bestehender Begriffe ist oft von verblüffender Wirkung. Probiere es selbst, zum Beispiel mit Schwein, dumm, Sack und Kanaille. Du wirst erstaunt sein!

Ein weiterer Tipp: Das Ergebnis ist wesentlich wirkungsvoller, wenn der Angesprochene in der zweiten Person Singular und somit unter Verwendung des Personal- und Possessivpronomens »Du«/»Dir« angeredet wird.

★★★★☆☆

Schlaf

Klasse Einfall!

Hoho, da hat der Schöpfer dem Tod aber mal ein Eselsohr ans Holzbein gebraten! Wer prinzipiell gewillt ist, an der gesamtgesellschaftlichen Teilhabe zu partizipieren, jedoch in den nächsten Stunden einfach keinen Bock hat – der ratze ab.

Eine kurze exklusive wohltuende Schnupperauszeit für alle. Egal ob Schüler, Pilot oder Cellist, einfach mal 'ne Weile an der Matratze horchen. Danach geht's wieder ab wie frisch gebügelt.

Bravo, Schöpfer!

★★★★★★

Schmerzen

Welche Laus ist dem Schöpfer denn da wohl über die Leber gelaufen, als er erwog, so etwas Beknacktes über die Welt zu bringen? Verachtet er uns so sehr, dass er sich daran weidet, wie seine Kreaturen wimmernd jammern ob der Pein, wenn ihnen wieder einmal eine Axt unglücklich in den Schädel einschlug?

Ein Leben ohne Schmerz wäre um einiges angenehmer. Man könnte mit dem Gesicht beim Einkaufen voll gegen den Briefkasten rammeln und würde sich ungetrübt des prallen Einkaufsbeutels freuen. Schmerzfrei könnte man wohlgemut ohne Narkose seiner Blinddarm-OP beiwohnen.

Glaubt der Schöpfer ernsthaft, dass jemand ohne Schmerzempfinden sich selbst entbeinen oder freiwillig das Auge entfernen ließe?

PLUS:

- schafft Arbeitsplätze in der Pharmaindustrie und für Anästhesisten

MINUS:

- tut weh

★☆☆☆☆☆

Schmuck

Von alters her ist es Brauch, dass das Weib sich mit allerlei Zierrat behängt. Gereicht gelegentlich sogar zum Vorteil.

★★★★☆☆

Schnee

Im Unterschied zum matschig-grauen Herbst wird es im Winter eher grau und matschig. Eine trostlose Zeit voller Trübnis und Tristesse, in der bei wetterfühligen Menschen gern mal die Pulsadern aufgehen.

Der Schöpfer hat dieses Problem zwar erkannt, aber nur halbherzig gelöst, denn anstatt das Übel an der Wurzel zu packen, kehrt er es nicht unter den Teppich, sondern unter den Schnee. Dieser hellt das depressive Grau nur kurzfristig auf, denn die Schneeflocken sind – vereinfacht gesagt – nichts anderes als gefrorenes → Wasser (nur etwas leichter, kristalliner und damit insgesamt flockiger und kälter), womit der Effekt schnell verpufft, indem er schmilzt. Wegen der Klimaerwärmung geschieht dies nun häufig bereits, bevor der Schnee überhaupt entstehen kann (in diesem Fall spricht man von Regen), weshalb er mittlerweile fast nur noch in höheren Bergregionen anzutreffen ist. Da der Schnee eine wichtige Nahrungsquelle bildet, sind Tiere wie der Schneeleopard oder die Schneeraupe kaum noch im Flachland anzutreffen.

Fazit: Mangelhaft!

Funfact: Die Eskimos haben fünfzig Begriffe für Schnee (zu viele), die Griechen kein einziges Wort für Quittung (zu wenig).

★★☆☆☆☆

Schrift

Vgl. → Buchstaben

Schulden

Es gibt allmählich mehr Schulden als → Geld. Vermutlich sind erstere einfach beliebter.

Verbrauchertipp: Ausstehende Schulden lassen sich durch hochspezialisierte professionelle Firmen wie Inkasso Moskau oder ähnliche Anbieter bequem eintreiben.

★★★★★☆

Schwangerschaft

PLUS:

- Betrifft meist nur Frauen, dadurch ist die Gebärbranche weiblich dominiert. Nach vollzogenem → Geschlechtsverkehr gibt es die Schwangerschaft gratis dazu (Überraschung).

MINUS:

- Durch Ausbleiben einer Immunität kann eine Schwangerschaft mehrfach nachfolgend auftreten und verursacht gelegentlich tiefgreifende physische und psychische Zerrüttungen an der schwangeren Person. Die neunmonatige Dauer wird oft als Belastung empfunden (das müsste heutzutage eigentlich schneller gehen). Im Normalfall endet eine Schwangerschaft mit einer Geburt, was zu weiteren Belastungen führt (zunächst in Form von Schmerzen, anschließend durch → Kind).

Fazit: Wenn es um das Fortbestehen der Art geht, zeigt sich der Schöpfer effektiv und schonungslos.

★★☆☆☆☆

Schwarze Löcher

Laaaaaangweilig!

Saugen Materie an und verschlucken Sterne nebst Planeten von Erdgröße innerhalb von Sekunden. Kennt man aus unzähligen Katastrophenfilmen. Sind dem Schöpfer die Ideen ausgegangen?

★☆☆☆☆☆

Schweinegrippe

Beprangernswerte Ferkelei

Eine von mehreren → Krankheiten, die vom Tier auf den Menschen übertragbar sind. Nicht ganz so gefährlich wie Rinderwahnsinn oder die Vogelpest (vulgo Amselmumps), doch deutlich heimtückischer als Ziegenpeter, Hühneraugen, Krähenfüße oder Muskelkater.

Fazit: Sauerei!

☆☆☆☆☆☆

Schweiz

Heimat eines eigenwilligen Bergvolks mit einem Faible für Käse, Uhren und Taschenmesser. Der berühmteste Schweizer ist nach wie vor Albert Schweitzer. Danach kam eigentlich kaum noch was.

PLUS:

- Sprache ist schwierig bis gar nicht zu verstehen
- Alles angenehm teuer, deshalb fällt eine → Inflation gar nicht auf.

MINUS:

- Das Bankgeheimnis war früher geheimer.
- zu viel → Landschaft auf zu geringer Fläche

Funfact: Jeder männliche Schweizer in wehrfähigem Alter hat ein Gewehr im Schrank. (Wenn man sich die Schweizerinnen ansieht, weiß man, warum.)

★★★☆☆☆

Seele

Schöpfer at it's best!

Obwohl die Existenz einer Seele (oder wenigstens Teile derer) weder durch Sichtung, Hörung, Riechung oder andersartige Wahrnehmung nachgewiesen werden konnte, steht sie doch oft im Zentrum menschlichen Denkens, Handelns und Fühlens. Die bloße Verheißung, etwas Übersinnlich-Ewigwährendes sein Eigen nennen zu dürfen, um sich damit über andere Lebensformen zu erheben, scheint dem Ego des Homo sapiens sehr schmeichelhaft zu sein.

Hier hat der Schöpfer mit einfachsten Mitteln maximalen Effekt erzielt. Die volle Punktzahl könnte natürlich nur verliehen werden, wenn es die Seele tatsächlich gäbe.

★★★★☆☆

Sepso

Nicht mehr lieferbar. Warum eigentlich?

☆☆☆☆☆☆

Sextoys

Achtung!

Utensilien, die vorrangig beim Vollzug des → Geschlechtsverkehrs zum Einsatz kommen. Echter Spaß tritt allerdings erst bei unsachgemäßer Anwendung ein, trotzdem sollte unbedingt auf eine gültige TÜV-Zertifizierung geachtet werden. Vorsicht! Codeworte zum Abbruch der Prozedur bei Anwendung mit erhöhtem Aua-Faktor sollten eine maximale Silbenanzahl von zwölf nicht überschreiten! Und KEINE Sonderzeichen enthalten!

★★★★☆☆

Sexualität

Origineller Einfall des Schöpfers, um den Menschen zum → Geschlechtsverkehr zu animieren. Ein offensichtlich bereits in der Steinzeit äußerst ausgeprägter Trieb, wie der berühmten »Venus von Hohenfels« und französischen Höhlenzeichnungen (»Die geile Alte von Montpellier«) zu entnehmen ist.

Im Laufe der Evolution haben sich in den verschiedenen geographischen und nationalstaatlichen Enklaven unterschiedlichste Sexualpraktiken entwickelt, neben Klassikern wie Griechisch und Französisch zum Beispiel das besonders bei Männern beliebte Polnisch (die Frau ist am nächsten Morgen weg) oder Arabisch (die Frau wird am nächsten Morgen gesteinigt).

Diesbezüglich schweben wir Deutschen leider im luftleeren Raum, denn trotz intensivster Recherche ließ sich keinerlei Hinweis finden, der »Deutsch« mit einer geschlechtspraktischen Betätigung verbinden könnte. Irgendwas wird sich der Schöpfer schon dabei gedacht haben. Bedeutet vielleicht, dass es pünktlich losgeht.

Insgesamt trotzdem empfehlenswert.

★★★☆☆

Shitstorm

Kollektive Ächtung von Geschehnissen oder Personen im digitalen Raum. Erfreut sich zunehmender Beliebtheit, da sich auf diesem Wege des Pöbels Wille rasch und unbürokratisch kundzutun vermag. Auch bekannt als Fäkalienbrise bzw. Exkrementenböe.

PLUS:

- Ideologisch motivierte Rudelbildung erzeugt starkes Wir-Gefühl.
- ausschließlich im Cyberspace auftretend und somit für das reale → Leben nicht von Belang
- schnell und flexibel anwendbar

MINUS:

- eher langweilig
- vom Schöpfer vermutlich nicht so gewollt

★★★☆☆☆

Silber

Ähnlich wie → Gold, nur nicht ganz so schlimm. Deshalb ein Stern mehr.

★★★★☆☆

Skandinavier

Permanent unter → Alkohol. Tatsächlich einsetzbar nur bei Biathlon oder ähnlichem Unfug.

PLUS:

- trinkt im Sommer aus Freude an hellen Nächten

MINUS:

- trinkt im Winter aus Frust über dunkle Tage

Skandinavien ist riesig. Die paar Leute, die der Schöpfer dort angesiedelt hat, hätte er auch woanders unterbringen können (vgl. → Belgier). Fazit: Skandinavien den Elchen!

★★★☆☆☆

Sommerzeit

Bevormundung!

Kaum jemand kann sich merken, ob die Uhr eine Stunde vor- oder zurückgestellt wird. (Kleiner Tipp: zwei Uhren benutzen, die eine geht eine Stunde vor, die andere nach, dann ist man auf der sicheren Seite).

Trotzdem muss man fragen, warum der Staat überhaupt eine solche Regelung treffen darf. Weshalb ein solcher Eingriff in die Privatsphäre? Wir leben in einem freien Land, in dem ein mündiger Bürger wohl selbst bestimmen darf, wie spät er es gerne haben möchte!

☆☆☆☆☆☆

Sonne

Schon wichtig (Wärme, Licht usw.) Aber im Endeffekt ist sie auch nur …

… 1 Stern.

★☆☆☆☆☆

Sonnenblumen

Durchaus hübsch auf dem Feld und in der Vase. Als Öl dem Konkurrenten Olive leider haushoch unterlegen.

Schade.

★★★☆☆☆

Sonnenuntergang (bzw. Sunset)

Danke!

Da hat der Schöpfer mal so richtig einen Bonus rausgehauen! Ohne jeglichen messbaren Mehrwert kann das → Auge kostenlos äsen.

Geheimer Spartipp: Wenn man den Sunset mit dem Handy aufnimmt und dann rückwärts abspielt, kann man sich den Sunrise schenken und ausschlafen.

★★★★★★

Spiegel

Viel zu abhängig vom Gegenüber. Keinerlei eigene kreative Impulse!

★★☆☆☆☆

Sport

Erfahrungsbericht von Sandro Moepser (Ludwigslust): *Auf Anraten meines Arztes wollte ich es unbedingt mal probieren. Ich machte innerhalb von nur zehn Tagen dreimal Sport. Das Ergebnis war niederschmetternd. Außer, dass ich geschwitzt habe und Muskelkater bekam, kein Ertrag.*

Nie wieder!

★☆☆☆☆☆

Sprache

Unbestritten sehr wichtig (vgl. → Schimpfworte), doch es stellt sich die Frage: Warum so viele? Warum → belgisch? Eine einzige Sprache hätte genügt. Und der Rest? Schriftlich!

Beim nächsten Mal sollte sich der Schöpfer diese eigentlich schöne Idee nicht zerreden lassen.

★★☆☆☆☆

Stand-up-Paddle

Wer hätte gedacht, dass nach dem → Flugzeugträger, der »Mein Schiff 4«, der »Unsinkbar 2«, den Öltankern und diversen Milliardärsyachten die Fortbewegung auf dem → Wasser noch einmal auf ganz neue Beine gestellt werden konnte?

Waterfun at it's best!

★★★★★★

Steine

Viele sind deutlich zu groß und zu schwer, andere wiederum viel zu klein. Da jegliches System zu fehlen scheint, nur schwer verwendbar. Kein Wunder, dass sie überall nur sinnlos herumliegen. Lediglich in Gebirgen entfalten Steine eine gewisse Wirkung.

Bitte in Zukunft mehr Mühe geben!

★★☆☆☆☆

Stones, Rolling (the)

Vgl. → Obelix

Strand

Hauptsächlich aus → Sand bestehender Übergang vom Festland zum Meer, deshalb hauptsächlich in Küstenregionen anzutreffen. Je weiter die Entfernung zum Wasser, desto breiter. Vorsicht! Ab einem gewissen Abstand spricht man von Wüste!

★★★★☆☆

Straßen

Verbesserungsfähig!

Pfiffige Idee, um Orte miteinander zu verbinden. Seit Erfindung der Kurve besonders bei Autofahrern beliebt.

Durch die daraus folgende Umweltverschmutzung (Reifenabhub, Kraftstoffverbrauch) etwas in Verruf geraten. Leider zu Recht, denn die Planer müssen sich eine Frage gefallen lassen: Warum werden Straßen nicht einfach nur bergab gebaut? Der Schöpfer hat's vorgemacht – bei den Flüssen geht's ja auch.

Nur so als Denkanstoß.

★★★☆☆☆

Sträucher (und Gestrüpp)

… decken viel ab.

★★★☆☆☆

Sturm

Warum? Wozu?

Wäre → Wind nicht völlig ausreichend gewesen? Hier merkt man dem Schöpfer die anfangs fehlende Erfahrung an. Übermütig und offensichtlich berauscht von der eigenen Schaffenskraft, lässt er es hier an der notwendigen Abgeklärtheit mangeln, ohne an die Folgen zu denken (Unruhe, Äste in Hochspannungsleitungen, zerzauste Frisuren). Typischer Anfängerfehler, bei der nächsten Schöpfung unbedingt vermeiden! Erst nachdenken, dann schöpfen!

★☆☆☆☆☆

Sukkulenten

Was soll das, Schöpfer?

Sind angeblich wohl irgendwie Kakteen, aber ohne Stacheln. Ungenießbar, nicht einmal in → Suppen zu verwenden. Auch optisch eine Katastrophe, selbst Primeln und Stiefmütterchen sind überzeugender in der Wirkung!

★☆☆☆☆☆

Suppe

Ursprünglich vom Schöpfer erdacht, damit nichts schlecht wird. Später von findigen Gastronomen verwendet, damit Schlechtes noch verwertet werden und somit noch finanziellen Ertrag abwerfen kann. Prinzipiell kann also alles rein (Petersilie, → Porree, Bitumen, Weihnachtsbaumschmuck). Besonders beliebt sind:

- Soljanka
- Kartoffelsuppe
- Flecke
- Gazpacho (ausländisch)
- Fischsuppe

Anmerkung: Niemand scheint imstande, den sicherlich schmalen, doch zweifelsfrei real existierenden Unterschied zwischen Suppe und Eintopf wissenschaftlich fundiert und trotzdem für den interessierten Laien nachvollziehbar zu definieren. (Warum? Könnte sich bitte jemand kümmern? Danke!)

Fazit: Trotz bestehender Unklarheiten satte 4 Sterne. Weil: Suppe geht immer.

★★★★☆☆

T

★★★★★★★★★★★★★★

Tempo-Taschentücher (Duo-Pack 2 x 90 Tücher)

Reinfall!

Waren nicht schneller als vergleichbare Produkte!

★★★★★★

Teufel (der)

Mehrere Dinge gehen zweifelsfrei direkt auf das Konto Satans:

1. dass das Meer versalzen ist.
2. dass manche Männer andere Männer küssen.
3. dass sich junge Menschen krankhaft zuckend zu Techno-Musik bewegen.

4. dass etliche Lehrerinnen wie selbstverständlich schamlos Hosen tragen.
5. dass Gisela Prömmel aus Mühlhausen bei Vollmond in ihrer Wohnung vor einem LEGO-Altar dunkle Verse stammelt.

Jedweder sollte es bemerken: Der Bepelzte mit dem Schwefelatem ist ein ganz schöner Frechdachs.

Zurecht deshalb:

★★★★☆☆

Tischtennis

Im Gegensatz zum Minigolf, das als zurückgebliebene Cousine des klassischen Golfs ein nach wie vor eher belächeltes Schattendasein fristet, hat sich das Tischtennis erfolgreich vom Muttersport Tennis abgenabelt und erfreut sich autarker Vitalität. Hoher Geselligkeitsfaktor durch Gruppenspiel, bekannt als Chinesisch (Ost) bzw. Rundlauf (West). Brachte kommunikative Dauerbrenner hervor wie: *»Ich hab das zuletzt im Ferienlager gespielt«* oder *»Der hat noch geleckt!«*.

★★★★★☆

Tischtennisball

Unverzichtbar, um → Tischtennis zu spielen. Nur mit maximal drei Sternen erhältlich. Komisch.

★★★☆☆☆

Tod

Vermutlich wollte sich der Schöpfer ein Hintertürchen offenhalten, so nach dem Motto: »Wenn mir das hier alles zu viel wird, dann lasse ich einfach alles sterben und fertig.« Lässt mangelndes Verantwortungsbewusstsein vermuten.

Schade.

★★★★★★

Toiletten

An dieser Stelle ...

... keine Bewertung, sondern ein Aufruf: Während in Deutschland jedes Kreiswehrersatzamt, jede Autobahnraststätte, jedes Museum (vgl. → Panzermuseum Munster) mit hochmodernen Sanitäroasen, Kacktempeln und regelrechten Keramikkathedralen ausgerüstet ist, gibt es ärmere Weltregionen, in denen die Menschen keinen Zugang zu Toiletten haben. Es trifft also jene, die sowieso kaum etwas zu essen haben. Doch damit nicht genug: Obwohl das Stoffwechselendprodukt nur in geringer Dosis anfällt, gibt es keine Möglichkeit, das Wenige zu entsorgen. Das ist doppelt ungerecht. Eine entwürdigende Situation, die man hierzulande maximal vom Besuch eines Elternabends oder des Münchner Oktoberfestes kennt, wo die Verrichtung der Notdurft schnell zu einer Notdurftverrichtungsnotlage führen kann.

Doch jeder kann Abhilfe schaffen – sogar, ohne sich die Hände schmutzig zu machen, indem man spendet. Früher hieß es: Geld stinkt nicht. Falsch: Geld, *damit* es nicht stinkt!

Jeder Euro, jeder Sanifair-Bon zählt.

Die Situation ist beschissen! Es geht um die Wurst!

Tomatenketchup ...

... besteht ausschließlich aus zwei elementaren Bausteinen: Tomate und Ketchup. Ob Nudel oder Teigware, Kartoffel oder → Suppe – alles (selbst die Tomate) lässt sich mit Ketchup individuell veredeln.

Fazit: Ohne Ketchup schmeckt alles gleich.

★★★★★★

Tropfsteinhöhlen

Unfug!

Riesige Labyrinthe, unter Missachtung sämtlicher Bauordnungen und Vorschriften (Fluchtwege, Brandschutz, Parkplätze) ziel- und planlos ins Gebirge gedengelt. Außerdem undicht. Warum dieser Aufwand? Nur, um ein paar Pauschaltouristen bei schlechtem Wetter am Wochenende hindurchzuscheuchen, damit besonders Schlaue später mit dem Wissen um den Unterschied zwischen Stalagmiten und Stalaktiten angeben können? Anfängerwerk eines hitzköpfigen Heißsporns!

★☆☆☆☆☆

Truckerfahrer

Man sieht sie ständig, aber keiner kennt einen. Sie werden verehrt und verachtet, geliebt und gehasst – den meisten sind sie allerdings völlig egal.

★★★☆☆☆

Trump, Donald

Hat als gelernter Maurer einige durchaus beeindruckende Hochhäuser gebaut. Als Golfspieler mittelmäßig, als amerikanischer Präsident eher ambivalent. Wahrscheinlich waren die USA für einen ungelernten Quereinsteiger als Präsident zu groß, er hätte zunächst an einem kleineren Land üben sollen (Slowakei).

Bewertung sollte durch kommende Generationen erfolgen, da Vorgang noch nicht abgeschlossen (lebt noch).

Trunkenheit

Zustand, der durch den Verzehr von → Alkohol herbeigeführt werden soll. Intensität und Dauer sind stark abhängig von Menge und Konzentration des deliriumverheißenden Destillats. Die Erfahrungsberichte gehen weit auseinander, weshalb sich der Co-Autor dieses Buches zu einem Selbstexperiment entschlossen hat, um seine Eindrücke während der oralen Verklappung einer Flasche → Hodengnom persönlich zu dokumentieren. Den handschriftlichen Notizen ist zu entnehmen, dass die Bewertung von Beginn an äußerst wohlwollend ausfiel *(geiles Zeug, volle Punktzahl!)*, im Verlauf des Experiments immer positiver *(wer doppelt sieht, vergibt auch die DOPPELTE Punktzahl)*, geradezu euphorisch ausfiel *(sehe nicht nur doppelt, sondern auch Sterne! ALLE Sterne!)*. Trotzdem kann an dieser Stelle noch kein abschließendes Urteil gefällt werden – die danach folgenden Einträge *(prost ihr säcke)* sind entweder schwer zu entziffern *(habeck ist doofl)* oder zu deuten *(hrrrzzzglldtgrmpf)* und leider noch nicht vollständig ausgewertet.

U

★★★★★★★★★★★★★★★

U-Boot

Die Geschichte der modernen Kriegsführung ist nicht nur sehr lang, sie ist auch schmerzhaft und äußerst leidvoll. Die Anfänge liegen im Dunkeln, doch auch hier hilft ein uraltes Pergament, das bereits den Ursprung der → Hausschuhe beleuchtet hat und nun noch einmal zitiert werden soll:

Und so erbarmte sich der Herr und gab den Menschen die Sprache, auf dass sie einander beschimpfen konnten, und lehrte sie, ihre Hände zu Fäusten zu ballen. Eifrig gingen die Menschen aufeinander los, allerdings machte sich schon bald Unmut breit. Erst raunend, dann immer lauter werdend, begehrten die Unzufriedenen gegen ihren Schöpfer auf.

»Dem Tiger hat er Zähne gegeben«, murrten sie. »Der Bär hat Krallen. Und wir? Wir können uns gegenseitig nur verhauen, treten und schubsen! Sind wir nicht die Krone der Schöpfung? Haben wir nichts Besseres verdient?«

Und der Herr erhörte das Klagen. Er lehrte die Menschen, einander mit Steinen zu bewerfen, und sandte ihnen Waffen. Ach, welch emsiges Gemetzel da begann! Doch wieder währte die Freude nicht lange, das geschäftige Treiben erlahmte und kam endlich ganz zum Erliegen.

»Die Vögel«, beschwerten sich die Unzufriedenen, »sind in der Luft, oh Herr! Die Fische haben das Wasser! Und wir? Wir können uns nur an Land bekriegen! Sind wir nicht die Krone der Schöpfung? Haben wir nichts Besseres verdient?«

Und der Herr? Nein, er zürnte nicht über die Unbotmäßigen, sondern beschenkte sie in seiner unendlichen Güte mit Schiffen und lehrte sie, in die Lüfte zu steigen. Aber wie wurden die göttlichen Mühen vergolten? Mit Gottesdiensten, Tänzen und Opfergaben? Weit gefehlt!

»Wir sind Dir wirklich dankbar«, versicherten die Unzufriedenen scheinheilig. »Du gabst uns festes Schuhwerk, so dass wir unsere Kriege von den Tiefen der dunkelsten Höhlen bis hinauf zu den höchsten Gipfeln der Berge führen können. Doch eines bleibt uns verwehrt, oh Herr! Sind wir nicht die Krone der Schöpfung? Haben wir nichts … «

Da ließ ein gewaltiger Donner die Erde erbeben! Blitze

teilten den Himmel, und eine Stimme erscholl, so mächtig, dass die Menschen verzagt auf die Knie fielen und die Gesichter im Staub verbargen.

»Undankbare Frechlinge!«, zürnte der Herr. »Habe ich euch nicht alles gegeben?«

»Das hast Du«, versicherte eine zaghafte Stimme. »Du hast unsere Klagen erhört, und nun, da Du uns in Deiner unermesslichen Weisheit sogar Mützen geschenkt hast, können wir unsere Schlachten endlich auch im Winter führen!«

»Sogar im Gebirge!«, fiel ein Knabe mit glockenheller Stimme ein. »Herr, wir danken Dir für die Skier! Und die Kerzen, mit denen wir uns nun auch im Dunkeln bekriegen können!«

»Was«, donnerte der Herr, »wollt ihr dann?«

Ein weißbärtiger Greis erhob sich zitternd und wandte das zerfurchte Gesicht gen Himmel. »Ich bin alt, Herr«, begann er ehrfürchtig. »Du hast mir in Deiner Güte ein langes Leben geschenkt. Ich war an allen erdenklichen Orten, an Land, in den Lüften und auf dem Wasser.«

»Und warum beklagst du dich dann?«, rief der Herr.

»AUF dem Wasser!«, jammerte der Alte. »Nicht UNTER Wasser! Oh Herr!«, flehte er händeringend, »hast Du nicht geschrieben, wir Menschen sollen uns die Erde untertan machen? Wie soll das gehen, wenn wir den größten Teil nicht einmal betreten können? Ganz zu schweigen, dort unsere Kriege führen? Siehe, Tränen rinnen über meine Wangen,

denn es ist mein sehnlichster Wunsch, in die Tiefen der Ozeane vorzudringen.«

Man darf davon ausgehen, dass der Schöpfer nicht umgehend reagiert hat, denn bis zur Einführung des ersten marktreifen U-Bootes sollte noch einige Zeit verstreichen. Ein oft unterschätzter Meilenstein in der Geschichte der Zivilisation, der die Kriegsführung auch an unzugänglichen, bis dahin friedlich vor sich hin dümpelnden Örtlichkeiten wie der Tiefsee ermöglichte. Mit der Einführung moderner Interkontinentalraketen und der daraus resultierenden Eroberung des Orbits verloren U-Boote jedoch mehr und mehr an Bedeutung und sind heutzutage als Schrott zu betrachten. Leider, denn auf Grund der geringen Platzkapazität, rudimentärer Sanitäranlagen und nicht zuletzt wegen des unangenehm-modrigen Geruchs ist eine touristische Nutzung kaum möglich.

★★★★☆☆

Ulf (der)

Fleischbrühe in Hausschuhen

Humanoides Komprimat mit stämmigem, von Grobschlacht motiviertem Erscheinungsbild. Bevorzugt dicht besiedelte Habitate wie Neubaugebiete und Fußballstadien, ist aber auch in ländlichen Regionen, Touristenhochburgen und Ausnüchterungszellen anzutreffen – also eigentlich überall. Im Geiste eher schlicht und kognitiv zu früh abgebogen, zeichnet sich der klassische Ulf durch tumultöses Gebaren aus. Die kommunikativen Fähigkeiten sind begrenzt, doch ausgewachsene Exemplare sind durchaus in der Lage, sich durch rudimentäre Grunzlaute und Gesten verständlich zu machen.

Fazit: Kein Vorname, sondern ein Zustand.

★☆☆☆☆☆

Unkraut

PLUS:

- eigentlich gut (Insekten)

MINUS:

- aber eben auch schlecht (Bodenplattenfugen)

★★★☆☆☆

Urkilo

Liegt im Pariser Louvre neben dem Urmeter, dem Urstrick sowie dem Urschleim. War im Laufe der Jahrhunderte den verschiedensten Witterungseinflüssen ausgesetzt und wiegt mittlerweile weniger als ein halbes Pfund.

Fazit: So lala.

★★☆☆☆☆

Urknall

Wann genau er stattfand, ist umstritten. Es ist jedenfalls lange her und war sehr laut, weshalb alte Menschen bis heute unter den Folgen leiden und teilweise sehr schwer hören.

Memo an den Schöpfer: Was auch immer da los war – bitte nicht noch mal!

★☆☆☆☆☆

Urlaub

Besonders der Familienurlaub mit → Kindern ist immer mit nachhaltigen Erinnerungen verbunden, zum Beispiel an:

- »Wann sind wir da?«
- »Ich muss mal!«
- »Wie weit ist es noch?«
- »Ich will zurück!«
- »Mir ist schlecht!«
- »Der hat angefangen!«

Danke, Schöpfer! Immer wieder gern!

★★★★★★

V

★★★★★★★★★★★★★★★★

Vampire

Lichtscheues Gesindel aus Rumänien.

PLUS

- stilvolles Erscheinungsbild (angenehme aristokratische Blässe im Teint)

MINUS

- nachtaktiv (fällt allerdings in Rumänien kaum auf)
- hinterlassen gelegentlich Blutflecken
- einseitige Ernährung (obendrein nicht vegan)

★★★☆☆☆

Venedig

Vgl. → Obelix

Vernunft

(Noch) keine Bewertung möglich

War lange Zeit für Denker von Rang das Maß aller Dinge. Hat sich aber nicht durchgesetzt und gilt heutzutage teilweise als überwunden. Ob zu Recht oder Unrecht wird die Zukunft zeigen.

Verwandtschaft

PLUS:

- kann bei finanziellen Engpässen angepumpt werden
- gehäuftes Erscheinen kann zum Beispiel bei Hochzeiten das Fehlen von Freunden und Bekannten kaschieren

MINUS:

- onkelig
- tantig
- bucklig

★★★☆☆☆

Viren

PLUS:

- einfachste Bauweise
- selbst bei großen Vorkommen komplett unsichtbar
- trotzdem beachtlich verheerende Wirkung

MINUS:

- schlechte Publicity

★★★☆☆☆

Vital & Relax Latschenkiefer Badezusatz (Flüssigkonzentrat 750 ml)

Als Badezusatz …

… prinzipiell akzeptabel, in anderen Anwendungsbereichen wie zum Beispiel als Cocktail, halbviskoses Schmierfett oder Tankadditiv enttäuschend!

★★☆☆☆☆

Vitamine

Angeblich nur in irgendwelchem Gemüse vorkommend, das kein Mensch essen kann – und dann obendrein ausschließlich direkt unter der Schale. Warum nicht überall?

Schöpfer – das geht besser!

★☆☆☆☆☆

Vogelgezwitscher

Ähnlich wie Meeresrauschen: Biolärm mit Attitüde!

★★★★★☆

Vorfahrt

Optimierungsbedarf!

Da hat der Mensch mal etwas ganz allein entschieden und festgelegt: In Deutschland hat rechts Vorfahrt. Ganz okay so weit. Der Verkehr würde natürlich besser fließen, wenn links ebenfalls Vorfahrt hätte.

★★★☆☆☆

Voss-Blohmstett-Krüger-Theorem zur indiblastaben Kaligolation etropher Knölpe im substrukturalen Temporärgeflecht

Nur eine Theorie – aber eine der richtig guten!

★★★★★☆

W

Wasser

Alles andere als überflüssig

Eindeutig das feuchteste Element der Schöpfung. Die Behauptung »Wasser ist nass« stimmt allerdings nur teilweise, da die Nässe abhängig vom Grad der Feuchtigkeit ist und somit variiert.

Im Laufe der Evolution hat es sich stetig verändert und tritt heutzutage in den verschiedensten Formen auf (Selters, Kühlwasser oder Ersatzflüssigkeit).

Trotzdem! Wasser ist die »Wiege des Lebens« – sämtliches Kreuchendes und Fleuchendes, das es vor seiner Entstehung gab, musste jämmerlich verdursten. Pfiffiger Nebeneffekt: Die Tiere konnten sich nach ihrer Entstehung sofort waschen.

Durch die Fusion mit Alkohol gilt Wasser neben der »Wiege des Lebens« sogar noch als »Wiege des Nachtlebens«. Ohne Wasser würde die Schöpfung in heutiger Form also von deutlich weniger Ruhestörungen belästigt werden. Überlegungen, Wasser deshalb zu verbieten, wurden jedoch rasch wieder auf Eis gelegt (hihi), denn die Folgen wären verheerend: Tausende Bademeister verlören über Nacht ihre Existenzgrundlage! Unvorstellbar!

PLUS:

- bald als Rohstoff einsetzbar (Wasserstoff)
- kann bei Bedarf einfach verdampfen
- leicht zu kauen
- leicht zu transportieren (→ Eimer)
- angenehm (warm)

MINUS:

- unangenehm (kalt)
- schwer zu transportieren (Talsperre)
- wird schnell schmutzig
- fließt nur bergab
- nervt (Nieselregen)
- komplizierte Logistik, da schlecht zu dosieren (Dürre, Überschwemmung)

★★★☆☆☆

Weihnachtsglück-Adventskalender-Bastelset

Mogelpackung!

Lieferung zwei Wochen verspätet (am 14.12.). Relativ hochwertige Materialien (dafür ein Stern), muss allerdings selbst (!!!) befüllt werden. Folge: keinerlei Überraschungseffekt, wenn man ein Türchen öffnet. Trotz größter Anstrengungen ist es unmöglich zu vergessen, was man reingetan hatte! Auch der Versuch, hinter allen Türchen die gleiche Überraschung (Schoko-Nikoläuse) zu verstecken (um nur eine Sache vergessen zu müssen), brachte keinen Erfolg.

Finger weg!

★☆☆☆☆☆

Wein

Prinzipiell vernünftig (vgl. → Alkohol). Doch dass selbsternannte »Kenner« (Sommeliers, Zahnärzte, Lehrer, Kabarettisten und ähnliche Spackos) stundenlang über Herkunft, Jahrgang, Eintrübung, Temperatur und weitere Verirrungen palavern, kann wohl kaum im Sinne des Schöpfers sein.

★★★☆☆☆

Wille

PLUS:

- Mit Willen kann man viel erreichen, zum Beispiel einiges, nichts, alles oder Teile davon.

MINUS:

- Interessiert im Endeffekt niemanden.

Fazit: Zuviel Gewolle nervt.

★★☆☆☆☆

Windbeutel und Quarktaschen

Beides sehr schmackhaft, aber wenig hilfreich, um Einkäufe zu transportieren.

Tipp: Beim Einkauf auf Quark und Wind verzichten, dann bieten Tasche und Beutel automatisch mehr Platz für Inhalt. Oder einen → Eimer verwenden.

☺!*

Windkraft

Trotz leichter Mängel zu empfehlen

Leider können Windkraftwerke nur an Stellen gebaut werden, wo es ausreichend Wind gibt (logisch, auch Atomkraftwerke stehen nur dort, wo es genügend

* Einschätzung ist mit einem Augenzwinkern verfasst, das muss auch mal sein. Deshalb keine Bewertung.

Atome gibt). Trotzdem, umweltpolitisch gesehen bahnbrechend. Der durch den Wind erzeugte Strom wird zuverlässig geliefert, sämtliche Geräte (Kassettenrekorder, Blitzableiter, Staubsauger der Freundin) funktionieren problemlos. Aus gesundheitlichen Gründen (Erkältungsgefahr) leider ein Stern Abzug (es zieht ein bisschen aus den Steckdosen).

★★★★★☆

Winnetou

Kämpfer für Gerechtigkeit, dadurch im Prinzip der erste amerikanische Gewerkschafter. Also quasi ein Roter.

★★★★☆☆

Witt, Katharina

Geboren und aufgewachsen in der damals noch zukünftigen, mittlerweile ehemaligen → DDR, mauserte sich die aparte Sächsin mit dem charakteristischen Lachen schon als Teenager zur erfolgreichsten Eiskunstläuferin der Welt. Ihre Laufbahn begann in Karl-Marx-Stadt, wo sie ihre ersten Runden noch ohne Schlittschuhe drehen musste (wir hatten ja nichts). Vermutlich musste sie sogar schwimmen, da das Eis im Osten zu warm war, womöglich schwamm sie zu Fuß, denn wir hatten ja nicht mal → Wasser. All diesen Widrigkeiten zum Trotz erlernte sie den vierfachen Lutz und hopste schließlich über die Eisfläche wie ein Pinguin auf Ecstasy. Auf dem Höhepunkt ihrer Karriere jettete sie von einer Eissporthalle zur anderen um den Globus, hatte angebliche Affären mit Erich Honecker, → Johnny Depp und Rudi Carrell, spielte in amerikanischen Blockbustern mit, eröffnete chinesische Baumärkte, schwedische Möbelhäuser und besuchte Kinderdörfer in Afrika. Kontakte zu internationalen Geheimdiensten wie der CIA wurden ihr nachgesagt, auch zu Organisationen wie IRA, RAF und dem ADAC, sogar von einer Verstrickung in die Kennedy-Morde war die Rede.

All das muss man erst mal schaffen – vor allem auf Schlittschuhen.

Respekt!

★★★★☆☆

Witze

Unterschiedlichste, meist verbal oder graphisch vermittelte Produkte des → Humors, die wir grundsätzlich in drei Kategorien aufteilen können:

Gute, schlechte und ganz schlechte Witze.

Das ließe auf den ersten Blick auf eine ähnliche Bewertung schließen, doch nach Abwägung aller sachlichen und (vor allem) unsachlichen Argumente kommt man zwangsläufig zu folgendem Ergebnis:

Die ganz schlechten Witze sind die mit Abstand allerbesten.

★☆☆☆☆☆

Schlechter Witz

★★★☆☆☆

Guter Witz

★★★★★☆

Ganz schlechter Witz

Wolken

Bringen zwar Regen (das ist gut), aber auch schlechtes Wetter (das ist schlecht). Hätte man nicht ermöglichen können, dass es auch bei gutem Wetter regnet? Wieder einmal nicht zu Ende gedacht (vgl. → Energiesparen). Deshalb nur …

★★☆☆☆☆

Wurst

Faszinierend!

Man nimmt ein Tier und stülpt den eigenen Darm darüber, schiebt es sich quasi selbst in den Arsch. Fast schon metaphysisch das Ganze.

Das Ergebnis: überwiegend schmackhaft.

Aber ist das schön?

Müsste man die betroffenen Tiere fragen.

★★☆☆☆☆

Y

★★★★★★★★★★★★★★★

Ying und Yang

Was denn nun??

Man muss sich entscheiden, wozu man gehören möchte. Ähnlich wie bei Huhn oder Henne, Arsch oder → Eimer, Dick oder Doof, Sekt oder Schampus – beides geht nicht.

Irgendwie überfordert der Schöpfer damit die Menschen.

Keine Bewertung.

Z

★★★★★★★★★★★★★★★

Zahl Pi

Exakte Bewertung …

… würde den Rahmen sprengen und wird hiermit auf etwas mehr als 3,14159265359 festgelegt.

★★★★★★

Zahlen …

… sind momentan in großer Menge vorhanden – vorsichtige Schätzungen gehen von unendlich vielen aus (wobei die → Dunkelziffer wie immer vermutlich deutlich höher liegen dürfte). Trotz des großen Angebots existiert jede Zahl exakt nur einmal. Hoffen wir, dass das so bleibt, denn dadurch bleibt das Zahlensystem absolut übersichtlich – oder, wie → Oma Manfred es ausdrückte: »Eins und zwei sind drei, da gibt es keine vier Meinungen, selbst wenn man zu fünft bis um sechs hinter sieben Bergen achtsam diskutierend neun Lösungen findet.«

Fazit: Im Gegensatz zu → Buchstaben sind Zahlen klar und präzise. Sie stimmen immer (außer bei unsachgemäßer Anwendung, deshalb etwas Abzug).

★★★★★☆

Zahnarzt

5 Sterne deluxe

Gehirnoperationen, Herz-Lungen-Maschinen, Impfen, Schröpfen, Hormonspritzen … man kann vom medizinisch-technischen Fortschritt halten, was man will. Doch der moderne Zahnarzt … welch ein Segen!

★★★★★☆

Zäune

Nicht zu Unrecht gilt der Zaun als oft unterschätzte kleine Schwester ihres großen Bruders – der Mauer.

PLUS:

- Ob Schotter, Wiese oder Laminat, ein ordentlicher Zaun schafft Abgrenzung auf jedem Belag (außer Wasser).

- schnell errichtet und flexibel stationierbar (großer Vorteil bei langwierigen juristischen Nachbarschaftsstreitigkeiten über Grundstücksausdehnungen)
- im Gegensatz zur Mauer Kommunikation und Austausch (von zum Beispiel Beuteln) durch und über den Zaun im Normalfall möglich
- mit ernsthaftem Bemühen ist fast jeder Zaun zu überwinden (Drahtschere)

MINUS:

- Welches Minus? (Wem der Zaun nicht reicht, kann zur Mauer greifen.)

★★★★★★

Zeit

Äußerst wichtig, damit die Dinge nacheinander geschehen können, oder wie es ein el-aurianischer Wissenschaftler namens Doktor Soran einst etwas prosaischer formulierte: »Die Zeit ist das Feuer, in dem wir brennen.«

PLUS:

- gut messbar (mit Uhren, z.B. aus Ruhla oder aus → Rolex)
- einfach zu transportieren
- leicht dehnbar

MINUS:

- schwer herzustellen (dadurch allgemeiner Zeitmangel)
- schlecht zu konservieren
- zieht sich manchmal (vor allem hinten raus)

★★★☆☆☆

Zierkürbis

Nicht zu vergleichen mit dem Kürbis. Seine eigentliche Funktion als Dekorelement hat er nach der Erfindung des PVCs verloren, da er von Gartenzwergen und anderen Kunstoffformschmuckteilen vom Markt verdrängt wurde. Grüner Bonustern, da ökologisch abbaubar.

★☆☆☆☆☆

Zinsen ...

sind neben Papier und diversen Metallen der Hauptgrundstoff für Geld. Während aus Papier und Zinsen der Geldschein hergestellt wird, werden Metall und Zinsen zu Münzen verarbeitet. Zinsen bestehen vor allem aus Unverschämtheit – einem Material, das beim Menschen in großen Mengen vorkommt. Umso unverständlicher ist es, dass es zurzeit kaum Zinsen gibt. Für den späteren Geldwert ist ein unterschiedlich hohes Aufkommen an Zinsen von Nöten. Während es für die Herstellung von

Cent nur ein weniges an Zins bedarf, werden für eine 500-Euro-Note erheblich viele Zinsen gebraucht. Unter günstigen Bedingungen vermehrt sich der Zins von allein.

Fazit: Als Kreditgeber TOP – als Kreditnehmer FLOP! Die sogenannte Win-lose-Situation in ihrer klassischsten Form. Momentan wieder stark im Kommen (Stand: 18.10.2022 18.49 Uhr)

★★★☆☆☆

Zoo

Reformbedarf!

Das, was sich stellenweise schon durchgesetzt hat (Zirkus ohne Tiere), sollte doch wohl auch beim Zoo möglich sein. Dann käme bestimmt mehr Publikum.

★★☆☆☆☆

Zyankali

Wohl eher nicht zu empfehlen

Lobeshymnen begeisterter Konsumenten sind jedenfalls Mangelware.

★☆☆☆☆☆

Der Türmer – Gedanken zu Olaf Schubert

Versuch einer Annäherung
von Uta Mehl

Erkenntnis erfolgt unweigerlich, wenn man von der Spitze eines Maulwurfshügels die Welt betrachtet und diesen zugleich als hohen Berg ansieht. Auf diese Weise zu schauen und dem leiblichen Auge ein geistiges hinzuzufügen ist nur einigen wenigen vorbehalten. Uns, den gewöhnlichen Erdbewohnern, die wir so vorschnell dem Irrtum erliegen, den Ausprägungen der Phantasie fehle jegliche Entsprechung der hiesigen Welt, kann somit nur ein »Ungenügend« auf einem der traurigsten Zeugnisse des Universums ausgestellt werden.

Selbst der Schöpfer wendet sich bitterlich weinend ab ob dieser Schande, solch Missbrauch am Unverstand in die Welt gesetzt zu haben. Seine mitleidigen Tränen um uns Menschen füllen die Bütte, aus welcher das Papier unserer Lebensläufe geschöpft wird.

Ist es am Tage dunkel?

Ist denn die Leere tatsächlich so vollkommen leer?

Nein!

Der göttliche Funke glimmt allüberall! Sehet! Da kommt einer, vollführt den Gedankensalto des Leichtsinns, nimmt die Ausstülpungen der Schöpfung unter seine Betrachtung und wirkt dem grassierenden Missbrauch des Unverstandes entgegen, um wie ein Engel in göttlicher Mission den Willen, den Atem und die Essenz des Universellen in unsere Gehirne zu hauchen!

Kritiker werfen Schubert vor, in der Dunkelheit einen Schatten werfen zu wollen. Eben diesen ruft er triumphierend zu: »Ja, ich bin jener Fischer, der in der Mitte eines Sees kenterte und, dem Ertrinken nahe, weit vom Ufer entfernt auf festen Boden gelangte! Ich bin jener, der über dieses unverhoffte Glück nicht nur die Nützlichkeit der Religion zu loben lernte, sondern vor allem die frommen Menschen, die diese Kirche einst erbauten, auf deren überflutetem Turm ich Rettung fand!«

Danksagung

Gutes Personal ist schwer zu finden. Aber ein herzlicher Dank ergeht an Jochen Barkas, Herrn Stephan sowie Katina Haubold für ihre tatkräftige Mitarbeit.